Inhalt

8 Blatt- und Gemüsesalate
Leichter Genuss – knackige Variationen mit frischen Zutaten und raffinierten Toppings!

54 Salate mit Kartoffeln, Nudeln & Co.
Rezeptvielfalt zum Sattessen – von Süßkartoffeln über Hülsenfrüchte bis hin zu Quinoa.

108 Auf einen Blick
Hier findest du alle Rezepte – übersichtlich von A–Z sortiert.

110 Lust auf…
Du hast heute Appetit auf Mediterranes oder Vegetarisch? In dieser Übersicht findest du je nach Lust und Laune das richtige Rezept für dich.

112 Impressum

QR-Code scannen und Einkaufslisten und Schritt-für-Schritt-Anleitungen entdecken

Rezeptinfos

SmartPoints Wert und zusätzlich kcal/kJ pro Person/Glas/Stück

Dieses Symbol zeigt dir, wie du das Rezept variieren kannst.

Gut zu wissen – Tipps und Tricks sowie hilfreiche Warenkunde erkennst du an diesem Symbol.

Extra für dich: Auf den Rezeptseiten erfährst du direkt neben dem SmartPoints Wert, ob ein Rezept gluten- oder laktosefrei, vegan oder vegetarisch ist. Die Kennzeichnung ist rein informativ und nicht verbindlich. Es liegt in der persönlichen Verantwortung zu püfen, ob die verwendeten Lebensmittel die Anforderungen erfüllen. Zusätzlich findest du auch eine Info, wenn sich ein Gericht gut zum Einfrieren eignet.

Fertig in: Hier sind alle Vorbereitungsschritte, Marinier-, Gar- und Backzeiten eingerechnet.

Davon aktiv: Diese Zeitangabe sagt dir, wie lange du wirklich mit Schnippeln und Rühren beschäftigt bist.

Infos

Lecker, leicht &
willkommen in der Weight Watchers Welt.

Frische Zutaten, raffinierte Rezepte, einfache Zubereitung. Leichte und figurbewusste Ernährung kann so simpel, abwechslungsreich und vor allem lecker sein – mit Weight Watchers. Wir freuen uns darauf, dich mit unseren Kochbüchern zu inspirieren und jeden Tag aufs Neue mit leckeren Gerichten zu überraschen.

Immer wieder anderes. Immer wieder neu.

Genau wie unsere Rezepte wird auch unser Programm immer weiter optimiert. Klar, die Dinge ändern sich. Dabei nehmen wir Trends, wachsende Anforderungen an Lebensmittel und Ernährung sowie neueste Erkenntnisse aus Wissenschaft und Forschung stets genau unter die Lupe. Das Ergebnis: Feel Good – unser modernes, ganzheitliches Programm und die perfekte Kombination aus ausgewogener Ernährung, Bewegung und einer guten Portion eigener Wertschätzung.

Drei Säulen machen dabei den Weg zum eigenen Wunschgewicht noch effektiver.

Das wird dir schmecken.

Unser Punktesystem wird noch schlauer. Wie? Mit den SmartPoints! Die SmartPoints Formel ist nach allerneuesten Studienergebnissen der Ernährungsforschung entwickelt worden. Teilnehmer, die bereits die neuen SmartPoints nutzen, finden es leichter, gesünder zu essen, und sind insgesamt zufriedener mit dem Programm und ihrem Erfolg.

Aus Auszeit wird Aktivzeit.

Bewegung ist wichtig. Warum? Man fühlt sich fitter. Verbraucht mehr Energie. Und ist einfach besser drauf. Daher werden Fitness und Sport zu einem noch wichtigeren Teil des Programms. Zusammen entwickeln wir einen Plan für dein persönliches Aktivitätsziel.

Das Wichtigste zum Schluss – du.

Die Eckpfeiler für ein gesundes, bewusstes Leben? Eine ausgeglichene, positive Einstellung. Mit Feel Good zeigen wir dir, wie du deine innere Balance findest, sodass du dich rundum wohlfühlst und glücklich bist.

ausgewogen

Und worauf hast du Lust?

Ganz egal, welcher Typ du bist, wir bieten ein Programm, das zu dir und deinem Alltag passt. Lass dich von einer starken Community in unseren Treffen mitreißen oder erlebe Feel Good ganz einfach von Zuhause oder unterwegs, mit dem Online Programm und unserer App. Noch nie war der Weg zum Wunschgewicht so einfach und flexibel.

Treffen
Das trifft sich gut:

Mit einer starken Community und der persönlichen Unterstützung unserer Coaches zum Wunschgewicht.

 Motivation, Inspiration und hilfreiche Ratschläge unserer Coaches.

 Gemeinsamer Austausch, Hilfestellung oder Motivation in der Community.

 Neueste Erkenntnisse zum Thema Ernährung von Experten gebündelt.

Online
Das klickt sich gut:

Ob unterwegs in der Bahn oder zu Hause aus dem Wohnzimmer – mit Weight Watchers Online und der passenden App bist du always on.

 Bewusste Ernährung leicht gemacht. Mit unserem SmartPoints Plan.

 Clevere Food-Pläne.

 Austausch per Chat oder Challenges in der Online-Community.

 Barcode-Scanner für sofortigen SmartPoints Check im Supermarkt.

 ActivPoints werden direkt mit deinem Account synchronisiert.

Der MonatsPass
Treffen, Online und App. Die perfekte Kombi für deine Abnahme.

Auf Seite 106 erzählt Katharina, wie unser Feel Good Programm für sie funktioniert. Und jetzt viel Spaß mit unseren Rezepten.

Alle Infos zu unserem Programm gibt es unter www.weightwatchers.de

Leckere Dressings & Toppings für jeden Geschmack

Dieses Buch steckt voller neuer Rezepte für knackige Blattsalate und sättigende Kreationen mit Nudeln, Kartoffeln und Getreide. Doch auch deiner eigenen Phantasie sind beim Zubereiten keine Grenzen gesetzt.

Inspirationen für kreative Dressings

Hier findest du einige Grunddressings und tolle Verfeinerungstipps für zwei Personen:

 Vinaigrette

1 EL Zitronensaft mit 2 EL hellem Balsamicoessig, 3 EL Gemüsebrühe (1 Prise Instantpulver), 2 TL Olivenöl, 1 Prise Zucker und 1/2 EL gehackter Petersilie verrühren und mit Salz und Pfeffer abschmecken (Rezept von Seite 100).

Verfeinern mit: Püriere dein Dressing im Pesto-Style mit frischen Kräutern (z. B. Petersilie, Basilikum oder Bärlauch).

 **Joghurt-Kräuter-Dressing**

125 g fettarmen Joghurt mit 70 g Crème légère, 1 TL Zitronensaft und 2 EL Schnittlauchringen verrühren und mit Salz und Pfeffer abschmecken (Rezept von Seite 72).

Verfeinern mit: Für die fruchtige Note rühre noch 1 TL kalorienreduzierte Konfitüre unter das Dressing.

 **Kartoffeldressing**

1 mehligkochende Kartoffel (100 g) in Stücke schneiden und mit 200 ml Gemüsebrühe (1/2 TL Instantbrühe), 2 EL Weißweinessig und 1 TL Senf pürieren und mit Salz und Pfeffer abschmecken (Rezept von Seite 32).

Verfeinern mit: Verwende einen besonderen Essig wie z. B. einen Chardonnay- oder Sherryessig.

Lust auf mehr?

Wer sagt, dass von Salaten doch niemand satt wird, liegt eindeutig falsch, denn es kommt nur auf die richtige Kombination an. Auch knackige Blatt- und Gemüsesalate kannst du im Handumdrehen zu einer Hauptmahlzeit machen – wenn du sie zusammen mit sättigenden Toppings servierst.

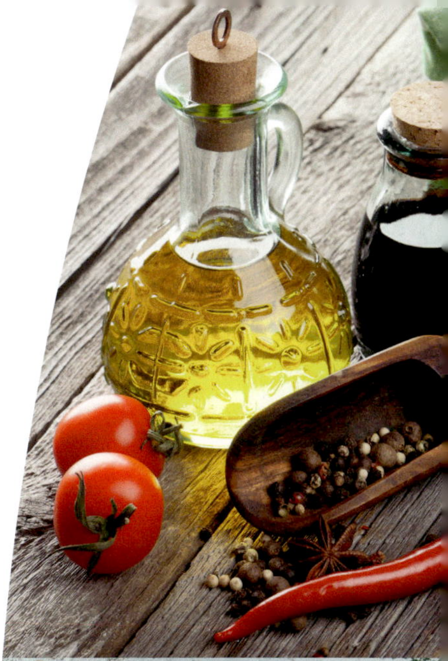

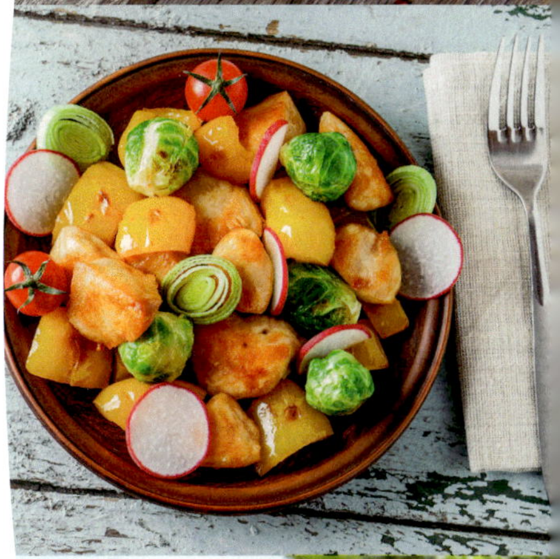

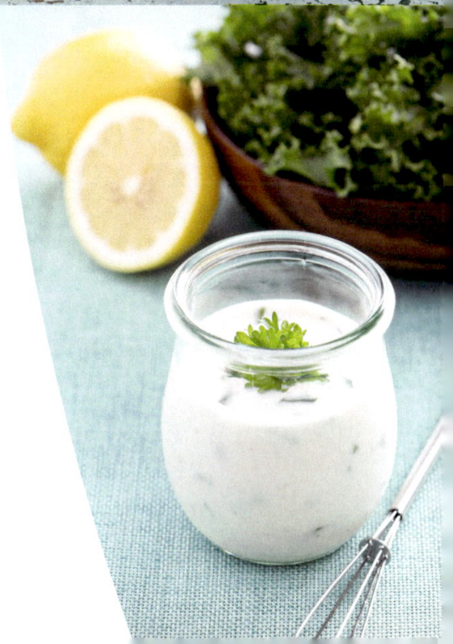

PRO PERSON 2 SmartPoints Wert

Gebratene Curry-Hähnchen-Würfel

240 g Hähnchenbrustfilet abspülen, trocken tupfen, würfeln, salzen und pfeffern. Hähnchenwürfel in einer Pfanne auf mittlerer Stufe mit 1 TL Rapsöl und 2 TL Currypulver ca. 5–7 Minuten anbraten.

Passt zu: Chinakohlsalat mit Granatapfel auf Seite 26 und Rote-Bete-Carpaccio auf Seite 33.

PRO PERSON 1 SmartPoints Wert

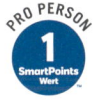

Portobello Pilze

2 Portobello Pilze (ersatzweise 2 große Champignons) trocken abreiben und in einer Pfanne auf mittlerer Stufe mit 1 TL Olivenöl ca. 2–3 Minuten von jeder Seite anbraten und mit Salz und Pfeffer würzen.

Passt zu: Zartem Wildkräutersalat mit Croûtons auf Seite 45 und Friséesalat mit Rote-Bete-Dressing auf Seite 46.

Blatt- und Gemüsesalate

Zuckerschotensalat mit Schweinefiletspitzen

fertig in: 25 Minuten | davon aktiv: 25 Minuten
laktosefrei
531 kcal | 2223 kJ

Zuckererbsenschoten waschen, schräg halbieren, in Salzwasser ca. 2–3 Minuten vorgaren, abgießen und abschrecken. Schalotten schälen. Für das Dressing Peperoni waschen, entkernen und mit Schalotten in Ringe schneiden. Peperoniringe mit Essig, Brühe und Chilisauce verrühren und mit Salz und Pfeffer würzen.

Schweinefiletspitzen trocken tupfen, in Streifen schneiden und mit Wasabi bestreichen. Öl in einer Pfanne auf hoher Stufe erhitzen, Filetstreifen darin ca. 3–4 Minuten rundherum braten und mit Salz und Pfeffer würzen. Zuckererbsenschotenhälften mit Schalottenringen und Dressing vermischen. Filetstreifen darauf anrichten und mit Baguette servieren.

Für 2 Personen:

- 500 g Zuckererbsenschoten
- Salz, Pfeffer
- 2 Schalotten
- 1 kleine rote Peperoni
- 1–2 EL Reisessig
- 50 ml laktosefreie Gemüsebrühe (2 Prisen Instantpulver)
- 3 EL süße Asia-Chilisauce
- 300 g Schweinefiletspitzen
- 1/2–1 TL Wasabipaste
- 2 TL Rapsöl
- 4 Scheiben Baguette

Blatt- und Gemüsesalate

Blatt- und Gemüsesalate

Thunfischsalat auf Ananascarpaccio

fertig in: 15 Minuten | davon aktiv: 15 Minuten
411 kcal | 1722 kJ

Ananas schälen, vierteln und den Strunk entfernen. Ananas in feine Scheiben schneiden und fächerartig auf Tellern anrichten. Salat waschen, trocken schleudern, 1/3 in Streifen schneiden und den Rest hacken. Frühlingszwiebeln waschen und in feine Ringe schneiden.

Für das Dressing Essig, Ananassaft, Brühe, Petersilie und Öl pürieren und mit Salz und Pfeffer würzen. Paprika waschen, entkernen und hacken.

Thunfisch abtropfen lassen und mit gehacktem Salat und Paprika vermischen. Salatstreifen auf die Ananasscheiben geben und Thunfischmasse darauf anrichten. Salat mit Dressing beträufeln und mit Frühlingszwiebelringen bestreut servieren.

Für 2 Personen:

- 1/2 Ananas (ca. 500 g)
- 1/2 Eisbergsalat
- 2 Frühlingszwiebeln
- 2 EL Weißweinessig
- 2 EL Ananassaft
- 75 ml Gemüsebrühe (1/2 TL Instantpulver)
- 3 EL gehackte Petersilie
- 2 TL Rapsöl
- Salz, Pfeffer
- 1 rote Paprika
- 2 Dosen Thunfisch im eigenen Saft (à 150 g Abtropfgewicht)

Erfrischender Karotten-Mango-Salat

fertig in: 30 Minuten | davon aktiv: 30 Minuten
vegan
385 kcal | 1613 kJ

Ingwer schälen und grob hacken. Koriander waschen und trocken schütteln. Für das Dressing Orangensaft, Essig, Öl, Brühe, Ingwer und Koriander pürieren und mit Salz und Pfeffer abschmecken. Cashewnüsse hacken und fettfrei in einer Pfanne auf mittlerer Stufe rösten.

Salat waschen, trocken schleudern und in mundgerechte Stücke zerteilen. Karotten schälen und grob raspeln. Äpfel waschen, vierteln, entkernen und in Scheiben hobeln. Frühlingszwiebeln waschen und in Ringe schneiden. Mangos schälen, das Fruchtfleisch vom Stein und in dünne Scheiben schneiden. Salatzutaten auf Tellern anrichten und mit Dressing beträufeln. Karotten-Mango-Salat mit Cashewnüssen bestreuen und mit Baguette servieren.

Für 4 Personen:

- 1 kleines Stück Ingwer (ca. 1 cm)
- 1/2 Bund Koriander
- 100 ml Orangensaft
- 5 EL Apfelessig
- 4 TL Olivenöl
- 125 ml Gemüsebrühe (1/2 TL Instantpulver)
- Salz, Pfeffer
- 20 g Cashewnüsse
- 1 Lollo bionda
- 500 g Karotten
- 2 säuerliche Äpfel (z. B. Braeburn)
- 3 Frühlingszwiebeln
- 2 reife Mangos
- 8 Scheiben Baguette

Du isst gerne Fleisch zu deinem Salat? Dann mariniere 400 g Putenbrustwürfel in 2 EL Orangensaft, 1 TL Orangenschale, 2 Msp. Currypulver, 2 TL Olivenöl, Salz und Pfeffer. Brate das Fleisch in einer Pfanne auf hoher Stufe ca. 4–5 Minuten rundherum an. Der SmartPoints Wert pro Person erhöht sich auf 9.

Blatt- und Gemüsesalate

Blatt- und Gemüsesalate

Barbecuesalat im Glas

fertig in: 25 Minuten | davon aktiv: 25 Minuten
285 kcal | 1194 kJ

Zwiebel schälen, in Streifen schneiden und 1/4 beiseitestellen. Öl in einer Pfanne auf mittlerer bis hoher Stufe erhitzen, Tatar darin krümelig braten, salzen, pfeffern und herausnehmen. Für die Barbecuesauce Knoblauch pressen und mit Zwiebelstreifen im Bratensatz kurz anbraten. Tomatenmark und Zucker einrühren und kurz anrösten.

Mit passierten Tomaten und Brühe ablöschen, mit Paprika-, Chilipulver, Zitronensaft und Worcestersauce würzen und ca. 7–8 Minuten köcheln lassen. Sellerie, Salat und Tomaten waschen. Salat trocken schleudern.

Sellerie in Scheiben schneiden und Tomaten halbieren. Barbecuesauce mit Salz und Pfeffer abschmecken, abkühlen lassen, mit Tatar mischen und auf 4 Gläser verteilen. Selleriescheiben, Tomatenhälften und Salat nacheinander in die Gläser schichten und mit restlichen Zwiebelstreifen bestreuen. Kurz vorm Servieren die Gläser verschließen und kräftig durchschütteln.

Für 4 Personen:

- 1 rote Zwiebel
- 1 EL Rapsöl
- 600 g Tatar
- Salz, Pfeffer
- 1 Knoblauchzehe
- 4 EL Tomatenmark
- 2 TL brauner Zucker
- 200 g passierte Tomaten (Konserve)
- 225 ml Gemüsebrühe (1 TL Instantpulver)
- 1 TL Paprikapulver
- 2 Msp. Chilipulver
- 1–2 TL Zitronensaft
- 2 EL Worcestersauce
- 4 Stangen Staudensellerie
- 200 g Pflücksalat
- 300 g Cocktailtomaten

Wenn du einen Schichtsalat im Voraus zubereiten möchtest, kommt das Dressing oder die Sauce ganz nach unten ins Glas. Dann folgt das geschnittene Gemüse. Salatblätter oder Kräuter kommen ganz nach oben und bleiben so knackig frisch.

Fenchel-Zitrus-Salat mit geräucherter Forelle

fertig in: 20 Minuten | davon aktiv: 20 Minuten
476 kcal | 1991 kJ

Fenchel waschen, halbieren, den Strunk entfernen und Fenchel in Streifen schneiden. Fenchelgrün hacken. Fenchelstreifen in 125 ml Wasser ca. 2–3 Minuten dünsten, abgießen und abkühlen lassen. 1 Prise Zitronenschale abreiben und Zitronenhälfte auspressen.

Schalotte schälen und in Ringe schneiden. Gurke waschen und grob raspeln. Für das Dressing restliches Wasser, Quark, Ahornsirup, Zitronensaft, -schale und Fenchelgrün verrühren und mit Salz und Pfeffer abschmecken.

Fenchelstreifen mit Schalottenringen, Gurkenraspeln und Dressing mischen. Brötchen in Scheiben schneiden. Forellenfilet in Stücke teilen und auf Fenchel-Zitrus-Salat mit Brötchenscheiben servieren.

Für 1 Person:

- 1 Fenchelknolle mit Grün
- 150 ml Wasser
- 1/2 unbehandelte Zitrone
- 1 Schalotte
- 1/4 Salatgurke
- 100 g Magerquark
- 1 TL Ahornsirup
- Salz, Pfeffer
- 1 Weizenbrötchen
- 100 g geräuchertes Forellenfilet

Blatt- und Gemüsesalate

Blatt- und Gemüsesalate

Ratatouille-Salat mit Pinienkernen

fertig in: 40 Minuten | davon aktiv: 35 Minuten
vegetarisch
375 kcal | 1569 kJ

Backofen auf 220° C (Gas: Stufe 4, Umluft: 200° C) vorheizen. Pinienkerne fettfrei in einer Pfanne auf mittlerer Stufe goldbraun rösten. Salat waschen und trocken schleudern. Paprika waschen und entkernen, Aubergine und Zucchini waschen und mit Paprika in feine Würfel schneiden. Schalotten schälen und in Spalten, Knoblauch in Scheiben schneiden.

2 TL Öl in einer Pfanne auf mittlerer Stufe erhitzen und Schalottenspalten, Rosmarin, Thymian und Knoblauchscheiben darin ca. 1 Minute anrösten. Paprika-, Auberginen- und Zucchiniwürfel zugeben und ca. 3–4 Minuten anbraten. Gemüse mit 75 ml Brühe ablöschen, ca. 2 Minuten dünsten und mit Salz und Pfeffer abschmecken.

Schafskäse würfeln und auf ein mit Backpapier ausgelegtes Backblech legen. Mit Honig beträufeln und auf der obersten Schiene ca. 8–10 Minuten backen. Für das Dressing restliche Brühe, Essig und restliches Öl verrühren und mit Salz und Pfeffer abschmecken. Ratatouillegemüse, Salat und Dressing vermischen. Ratatouille-Salat mit Schafskäsewürfeln und Pinienkernen bestreuen und mit Ciabatta servieren.

Für 4 Personen:

- 2 EL Pinienkerne
- 75 g Feldsalat
- 2 rote Paprika
- 1 Aubergine (ca. 300 g)
- 1 Zucchini (ca. 200 g)
- 6 Schalotten
- 1 Knoblauchzehe
- 3 TL Olivenöl
- je 2 EL gehackter Rosmarin und Thymian
- 125 ml Gemüsebrühe (1/2 TL Instantpulver)
- Salz, Pfeffer
- 200 g Schafskäse, 25 % Fett i. Tr.
- 1 TL Honig
- 4 EL dunkler Balsamicoessig
- 8 Scheiben Ciabatta

Kohlrabisalat mit knusprigen Schinkenchips

fertig in: 35 Minuten | davon aktiv: 20 Minuten
337 kcal | 1411 kJ

Kohlrabi und Karotten schälen und grob raspeln. Für das Dressing Buttermilch mit Honig, Schnittlauch und Zitronensaft verrühren und mit Salz und Pfeffer würzen.

Kohlrabi- und Karottenraspel mit Dressing vermischen und ca. 15 Minuten ziehen lassen. Schinken in Streifen schneiden. Für die Schinkenchips Öl in einer Pfanne auf mittlerer Stufe erhitzen und Schinkenstreifen darin ca. 2–3 Minuten knusprig braten.

Erbsen unter den Salat heben und mit Salz und Pfeffer abschmecken. Kohlrabisalat mit Schinkenchips bestreut servieren.

Für 2 Personen:

- 3 Kohlrabi
- 3 Karotten
- 125 ml Buttermilch
- 1 TL Honig
- 1 EL Schnittlauchringe
- 2 EL Zitronensaft
- Salz, grob gemahlener Pfeffer
- 8 Scheiben Lachsschinken
- 2 TL Rapsöl
- 150 g junge gepulte Erbsen (ersatzweise TK)

Für eine besondere Optik serviere den Salat in kleinen Schälchen aus Filoteig. Dafür einfach jeweils 1 Blatt Filoteig in die Mulde einer Silikon-Muffin-Form geben und im Ofen knusprig backen. Berechne dafür jeweils den SmartPoints Wert 2.

Blatt- und Gemüsesalate

Blatt- und Gemüsesalate

Dreierlei Fischfilets auf Salatbett

fertig in: 30 Minuten | davon aktiv: 30 Minuten
394 kcal | 1650 kJ

Schnittlauch waschen, trocken schütteln und in Ringe schneiden. Für das Dressing Zitronenhälfte auspressen, mit Meerrettich, Schnittlauch, Buttermilch und Honig verrühren und mit Salz und Pfeffer würzen. Salate waschen, trocken schleudern und in mundgerechte Stücke zerteilen. Gurke schälen, halbieren und in Scheiben schneiden.

Fischfilets abspülen, trocken tupfen, mit Salz und Pfeffer würzen und jeweils in 4 Stücke schneiden. Öl in einer Pfanne auf mittlerer bis hoher Stufe erhitzen und Fischfilets darin ca. 2–3 Minuten von jeder Seite braten. Toast rösten und in Dreiecke schneiden. Salat und Gurkenscheiben mit Dressing vermischen und auf Tellern verteilen. Fischfilets darauf anrichten und mit Preiselbeeren garnieren. Dreierlei Fischfilets auf Salatbett mit Toastecken servieren.

Für 4 Personen:

- 1/2 Bund Schnittlauch
- 1/2 Zitrone
- 2 TL Tafelmeerrettich
- 150 ml Buttermilch
- 1 TL Honig
- Salz, Pfeffer
- 1 Eichblattsalat
- 1 Kopfsalat
- 1 Salatgurke
- 150 g Schollenfilet
- 150 g Rotbarschfilet
- 125 g Lachsfilet
- 4 TL Olivenöl
- 6 große Scheiben Vollkorntoast
- 1 EL Preiselbeeren (Konserve)

Endivien-Trauben-Salat mit Halloumi

fertig in: 25 Minuten I davon aktiv: 10 Minuten
vegetarisch
319 kcal I 1337 kJ

Salat waschen, trocken schleudern und in mundgerechte Stücke zerteilen. Trauben waschen und halbieren. Schnittlauch waschen, trocken schütteln und in Ringe schneiden. Für das Dressing Senf, Feigensenf, Essig, Schnittlauch und Brühe verrühren, mit Salz und Pfeffer würzen und mit Zucker verfeinern.

Halloumi in Stücke schneiden. Öl in einer Pfanne auf mittlerer Stufe erhitzen und Halloumistücke darin ca. 2–3 Minuten von jeder Seite braten. Salat und Traubenhälften vermischen und mit Dressing beträufeln. Endivien-Trauben-Salat mit Halloumi servieren.

Für 4 Personen:

- 1 Endiviensalat
- 200 g kernlose rote Weintrauben
- 1/2 Bund Schnittlauch
- 1 TL mittelscharfer Senf
- 1 TL Feigensenf
- 2–3 EL Kräuteressig
- 5 EL Gemüsebrühe (2 Prisen Instantpulver)
- Salz, Pfeffer
- 1 Prise Zucker
- 300 g Halloumi
- 2 TL Olivenöl

Chinakohlsalat mit Granatapfel

fertig in: 30 Minuten I davon aktiv: 25 Minuten
vegetarisch
287 kcal I 1203 kJ

Chinakohl waschen, Boden samt Strunk entfernen und Kohl in Streifen schneiden. Kohlstreifen in kochendem Salzwasser ca. 1–2 Minuten vorgaren, kalt abschrecken und trocken schleudern. Für das Dressing Senf mit Joghurt, Öl und Orangensaft verrühren und mit Salz und Pfeffer würzen.

Chinakohlstreifen mit Dressing vermischen und ca. 15 Minuten ziehen lassen. Granatapfel halbieren und die Kerne herauslösen. Chinakohlsalat mit Salz und Pfeffer abschmecken, mit Granatapfelkernen bestreuen und mit Pumpernickel servieren.

Für 2 Personen:

- 1 Chinakohl (ca. 500 g)
- Salz, Pfeffer
- 1 TL Senf
- 150 g fettarmer Joghurt
- 2 TL Rapsöl
- 2 EL Orangensaft
- 1 Granatapfel
- 4 Scheiben Pumpernickel

Blatt- und Gemüsesalate

Info

Halloumi ist ein zypriotischer Schnittkäse, der meist aus einer Mischung von Kuh-, Schafs- und Ziegenmilch hergestellt wird. Er eignet sich besonders gut zum Grillen und Braten, da er nicht zerläuft.

Blatt- und Gemüsesalate

Spanischer Melonen-Garnelen-Salat mit Dip

fertig in: 35 Minuten | davon aktiv: 25 Minuten
330 kcal | 1381 kJ

Honigmelone halbieren, Kerne mit einem Löffel entfernen und aus dem Fruchtfleisch Kugeln ausstechen. Wassermelonenfruchtfleisch würfeln. Gurke waschen, längs halbieren, Kerne mit einem Löffel entfernen und Gurkenhälften in Scheiben schneiden.

Minze waschen, trocken schütteln, hacken und 2 TL beiseitestellen. Für das Dressing 2 TL Öl mit Essig und Minze verrühren und mit Salz und Pfeffer abschmecken. Gurkenscheiben mit Melonenkugeln, -würfeln und Dressing vermischen.

Für den Dip Joghurt mit Zitronensaft cremig rühren, mit restlicher Minze verfeinern und mit Salz und Cayennepfeffer würzen. Garnelen abspülen und trocken tupfen. Restliches Öl in einer Pfanne auf hoher Stufe erhitzen, Garnelen darin ca. 5 Minuten rundherum braten, salzen und unter den Salat heben. Melonen-Minze-Salat mit Joghurtdip und Ciabatta servieren.

Für 4 Personen:

- 1 kleine Honigmelone (ca. 500 g)
- 400 g Wassermelonenfruchtfleisch
- 1 Salatgurke
- 1/2 Bund Minze
- 4 TL Olivenöl
- 4 EL Weißweinessig
- Salz, Pfeffer
- 200 g fettarmer Joghurt
- 1 TL Zitronensaft
- 1 Msp. Cayennepfeffer
- 400 g küchenfertige Garnelen
- 4 Scheiben Ciabatta

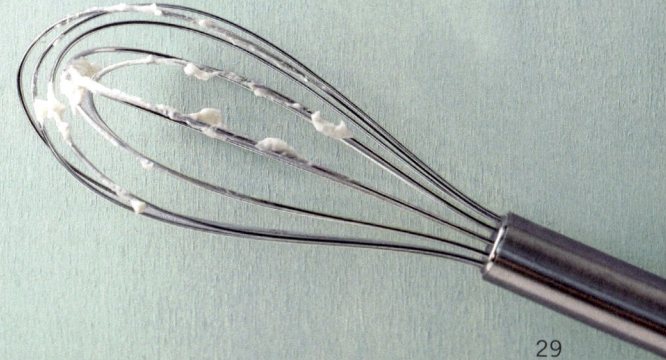

Leichter Frühlingssalat mit Mozzarella

fertig in: 40 Minuten | davon aktiv: 40 Minuten
vegetarisch
140 kcal | 584 kJ

Frisée-, Feldsalat und Sauerampfer waschen, trocken schleudern und in mundgerechte Stücke zerteilen. Zwiebel schälen und würfeln.

Pinienkerne fettfrei in einer Pfanne auf mittlerer Stufe ca. 2–3 Minuten rösten. Himbeeren waschen, trocken tupfen und mit Mozzarella und Zwiebelwürfeln unter den Salat heben.

Für das Dressing Essig, Öl, Orangensaft und Honig verrühren und mit Salz und Pfefferbeeren würzen. Dressing auf den Salat träufeln. Frühlingssalat mit Pinienkernen bestreut servieren.

Für 4 Personen:

- 1 Friséesalat
- 50 g Feldsalat
- 1 Bund roter Sauerampfer
- 1 rote Zwiebel
- 2 EL Pinienkerne
- 100 g Himbeeren
- 125 g fettreduzierte Mozzarella-Minis
- 2 EL Himbeeressig
- 2 TL Olivenöl
- 1 EL Orangensaft
- 1 TL Honig
- Salz, gemahlene rosa Pfefferbeeren

Alle Fischfans können zum Salat 200 g Räucherlachs in Scheiben geschnitten servieren. Der SmartPoints Wert pro Person erhöht sich auf 6.

Blatt- und Gemüsesalate

Blatt- und
Gemüsesalate

Rote-Bete-Carpaccio

fertig in: 15 Minuten | davon aktiv: 15 Minuten
vegetarisch
141 kcal | 590 kJ

Rote Bete in sehr feine Scheiben schneiden und auf Tellern anrichten. Käse in Scheiben schneiden und mit Petersilie, Schnittlauch und Walnüssen auf den Rote-Bete-Scheiben verteilen.

Für das Dressing Öl mit Essig, Brühe und Orangensaft verrühren und mit Salz und Pfeffer würzen. Rote-Bete-Carpaccio mit Dressing beträufeln und servieren.

Für 4 Personen:

- 500 g vorgegarte Rote Bete (vakuumverpackt)
- 60 g Ziegenweichkäse, 45 % Fett i. Tr.
- 2 EL gehackte Petersilie
- 2 EL Schnittlauchringe
- 1 EL gehackte Walnüsse
- 2 TL Olivenöl
- 2 EL Himbeeressig
- 100 ml Gemüsebrühe (1/2 TL Instantpulver)
- 1 EL Orangensaft
- Salz, grob gemahlener Pfeffer

Pilzsalat mit gebratenem Seitan

fertig in: 40 Minuten | davon aktiv: 30 Minuten
vegan | laktosefrei
293 kcal | 1226 kJ

Kartoffel schälen, halbieren und in Salzwasser ca. 20 Minuten garen. Zwiebel schälen und würfeln. Pilze trocken abreiben und in Scheiben schneiden. Seitan in Streifen schneiden. Salat waschen und trocken schleudern.

Kartoffel abgießen. Öl in einer Pfanne auf hoher Stufe erhitzen und Seitanstreifen mit Pilzscheiben darin ca. 6–8 Minuten rundherum braten. Mit Estragon verfeinern, salzen, pfeffern und herausnehmen.

Für das Dressing Zwiebelwürfel im Bratensatz glasig dünsten und mit Brühe und Essig ablöschen. Kartoffel in Stücke schneiden, Zwiebelmischung und Senf dazugeben, pürieren und mit Salz und Pfeffer abschmecken. Salat auf Tellern anrichten und Seitan-Pilz-Mischung darauf verteilen. Pilzsalat mit Dressing beträufeln und servieren.

Für 2 Personen:

- 1 mehligkochende Kartoffel (100 g)
- 1 Zwiebel
- 250 g Pilze (z. B. braune Champignons oder Steinpilze)
- 200 g Seitan
- 150 g Feldsalat
- 1 EL Olivenöl
- 2 TL gehackter Estragon
- Salz, grob gemahlener Pfeffer
- 200 ml laktosefreie Gemüsebrühe (1/2 TL Instantpulver)
- 2 EL Weißweinessig
- 1 TL Senf

Info

Seitan ist ein pflanzliches Produkt, welches gut als Fleischersatz verwendet werden kann. Seitan hat viel Protein und wenig Fett und wird aus Gluten (Klebereiweiß des Weizenmehls) hergestellt.

Blatt- und Gemüsesalate

Blatt- und Gemüsesalate

Tomaten-Brot-Salat mit pochiertem Ei

fertig in: 20 Minuten | davon aktiv: 15 Minuten
vegetarisch
442 kcal | 1850 kJ

Tomaten und Frühlingszwiebeln waschen. Tomaten mit Ciabatta in Würfel und Frühlingszwiebeln in Ringe schneiden. Basilikum waschen, trocken schütteln und hacken.

Für das Dressing Balsamicoessig, -creme, Brühe und 1 TL Öl verrühren und mit Salz und Pfeffer würzen. Tomatenwürfel mit Frühlingszwiebelringen, Basilikum und Dressing vermischen. Restliches Öl in einer Pfanne auf mittlerer Stufe erhitzen und Ciabattawürfel darin ca. 3–4 Minuten rundherum rösten.

Wasser mit Weißweinessig und 1 TL Salz in einem kleinen Topf zum Sieden bringen. Ei in eine Suppenkelle schlagen, langsam in das Wasser geben und ca. 6–7 Minuten bei schwacher Hitze ziehen lassen. Ciabattawürfel mit Tomatensalat vermischen und mit Salz und Pfeffer abschmecken. Ei mit einer Schaumkelle aus dem Essigwasser heben, auf dem Salat anrichten und Tomaten-Brot-Salat sofort servieren.

Für 1 Person:
- 3 Tomaten
- 2 Frühlingszwiebeln
- 2 Scheiben Ciabatta
- 2 Stängel Basilikum
- 2 EL dunkler Balsamicoessig
- 1 TL Balsamicocreme
- 3 EL Gemüsebrühe (1 Prise Instantpulver)
- 2 TL Olivenöl
- Salz, grob gemahlener Pfeffer
- 1 Liter Wasser
- 3 EL Weißweinessig
- 1 Ei

Nussig-süßer Gourmet-Feldsalat

fertig in: 20 Minuten | davon aktiv: 20 Minuten
glutenfrei | laktosefrei
300 kcal | 1258 kJ

Salat waschen und trocken schleudern. Trauben waschen und halbieren. Nüsse grob hacken und Schinken einrollen. Salat auf Tellern anrichten und mit Traubenhälften, Nüssen und Schinkenröllchen belegen.

Für das Dressing Essig, Wasser und Senf verrühren, mit Salz und Pfeffer würzen und mit Süßstoff verfeinern. Öl unterrühren. Salat mit Dressing beträufeln und servieren.

Für 4 Personen:

200 g Feldsalat
250 g kernlose Weintrauben
60 g Walnüsse
150 g roher Schinken
3 EL Himbeeressig
2 EL Wasser
2 TL körniger Senf
Salz, Pfeffer
einige Tropfen flüssiger Süßstoff
3 EL Traubenkernöl

Thunfischsalat mit Ei

fertig in: 20 Minuten | davon aktiv: 20 Minuten
441 kcal | 1845 kJ

Ei in kochendem Wasser ca. 8–10 Minuten hart kochen. Chinakohl waschen, Boden samt Strunk entfernen und Kohl in Streifen schneiden. Tomaten waschen und halbieren. Thunfisch abtropfen lassen.

Ei abschrecken, pellen und in Würfel schneiden. Für das Dressing Joghurt mit Zitronensaft, Honig und Kräutern verrühren und mit Salz und Pfeffer abschmecken. Thunfisch mit Chinakohlstreifen, Tomatenhälften, Mais, Eiwürfeln und Dressing vermischen und Thunfischsalat mit Brot servieren.

Für 1 Person:

1 Ei
200 g Chinakohl
100 g Cocktailtomaten
1 Dose Thunfisch im eigenen Saft (150 g Abtropfgewicht)
100 g Magermilchjoghurt
1–2 EL Zitronensaft
1 TL Honig
1 EL gemischte gehackte Kräuter
Salz, Pfeffer
3 EL Mais
1 Scheibe Roggenvollkornbrot (Schwarzbrot)

Blatt- und Gemüsesalate

Blatt- und Gemüsesalate

Klassischer Schichtsalat mit Zaziki

fertig in: 12 Stunden 40 Minuten I davon aktiv: 40 Minuten
low carb
314 kcal I 1313 kJ

Eier in kochendem Wasser ca. 8–10 Minuten hart kochen, abschrecken, pellen und in Scheiben schneiden. Karottensalat und Mais abtropfen lassen. Lauch und Äpfel waschen. Äpfel vierteln, entkernen und in Scheiben, Lauch in feine Ringe und Schinken in feine Streifen schneiden.

Karottensalat, Mais, die Hälfte der Lauchringe, Schinkenstreifen, Apfel- und Eierscheiben nacheinander in eine große Schüssel schichten und mit restlichen Lauchringen abschließen, dabei jede Schicht mit Salz und Pfeffer würzen.

Für das Zaziki Gurke waschen und grob raspeln. Quark, Frischkäse und Joghurt verrühren und Gurkenraspel unterheben. Knoblauch dazupressen und Zaziki mit Salz und Pfeffer abschmecken. Zaziki auf den Schichtsalat geben, ca. 10–12 Stunden kalt stellen und servieren.

Für 6 Personen:

- 6 Eier
- 1 Glas Karottensalat (190 g Abtropfgewicht)
- 1 Dose Mais (285 g Abtropfgewicht)
- 1 Stange Lauch
- 3 säuerliche Äpfel (z. B. Cox Orange)
- 200 g gekochter Schinken
- Salz, Pfeffer
- 1 Salatgurke
- 250 g Magerquark
- 150 g Kräuterfrischkäse, bis 1 % Fett absolut
- 200 g fettarmer Joghurt
- 1–2 Knoblauchzehen

Römersalat mit mariniertem Tofu

fertig in: 45 Minuten | davon aktiv: 30 Minuten
vegetarisch
541 kcal | 2265 kJ

Tofu in Würfel schneiden. Für die Marinade 2 EL Senf mit Sojasauce verrühren. Marinade und Tofuwürfel in einen Gefrierbeutel geben, vorsichtig vermischen und ca. 10 Minuten marinieren. Backofen auf 180° C (Gas: Stufe 2, Umluft: 160° C) vorheizen.

Paprika und Zucchini waschen. Paprika entkernen und mit Zucchini würfeln. Knoblauch hacken. Paprika- und Zucchiniwürfel mit Knoblauch auf einem mit Backpapier ausgelegten Backblech verteilen und mit Salz würzen. Im Backofen auf mittlerer Schiene ca. 15 Minuten garen. Brot würfeln, fettfrei in einer Pfanne auf mittlerer Stufe ca. 5–6 Minuten rösten und herausnehmen.

Öl in einer Pfanne auf hoher Stufe erhitzen und Tofuwürfel darin ca. 3 Minuten rundherum anbraten. Zwiebeln schälen und würfeln. Basilikum waschen und trocken schütteln. Die Hälfte der Blätter abzupfen und grob hacken.

Für das Dressing restliches Basilikum mit Brühe pürieren und mit Paprikamark, restlichem Senf und Essig verrühren. Salat waschen, trocken schleudern und in Streifen schneiden. Salatstreifen mit Paprika-, Zucchini-, Zwiebel-, Brot- und Tofuwürfeln vermischen. Restliches Basilikum mit Dressing unter den Römersalat heben, mit Salz und Pfeffer abschmecken und servieren.

Für 4 Personen:

- 400 g Tofu
- 6 EL Honigsenf
- 75 ml Sojasauce
- je 1 rote und gelbe Paprika
- 3 Zucchini
- 2 Knoblauchzehen
- Salz, Pfeffer
- 6 Scheiben Roggenvollkornbrot (Schwarzbrot)
- 1 EL Rapsöl
- 2 rote Zwiebeln
- 1 Bund Basilikum
- 125 ml Gemüsebrühe (1/2 TL Instantpulver)
- 2–3 EL Paprikamark
- 4 EL dunkler Balsamicoessig
- 3 Römersalatherzen

Blatt- und Gemüsesalate

Blatt- und Gemüsesalate

Zarter Wildkräutersalat mit Croûtons

fertig in: 20 Minuten | davon aktiv: 15 Minuten
vegan
116 kcal | 487 kJ

Für die Croûtons Toast und Knoblauch in Würfel schneiden. Öl in einer Pfanne auf mittlerer Stufe erhitzen und Toast- und Knoblauchwürfel darin goldbraun rösten. Für das Dressing Orange auspressen. Orangensaft mit Brühe, Essig, Marmelade und Senf verquirlen und mit Salz und Pfeffer abschmecken.

Rucola und Wildkräuter waschen und trocken schleudern. Auf Tellern anrichten, mit Dressing beträufeln und mit Croûtons bestreuen. Wildkräutersalat servieren.

Für 4 Personen:

- 2 große Scheiben Vollkorntoast
- 1 kleine Knoblauchzehe
- 2 TL Rapsöl
- 1 Orange
- 50 ml Gemüsebrühe
  (2 Prisen Instantpulver)
- 1 EL heller Balsamicoessig
- 1 TL Orangenmarmelade
- 1–2 TL körniger Senf
- Salz, Pfeffer
- 150 g Rucola
- 150 g Wildkräutermischung

Kennst du schon die fertigen Weight Watchers Salat Dressings? Das frische French Dressing passt zu allen Blattsalaten und hat den SmartPoints Wert 2.

Friséesalat mit Rote-Bete-Dressing

fertig in: 20 Minuten | davon aktiv: 20 Minuten
vegan | laktosefrei
229 kcal | 958 kJ

Schwarzwurzeln abtropfen lassen. Für das Dressing 100 g Rote Bete in grobe Stücke schneiden und mit Brühe, Essig und Öl pürieren. Dressing mit Schnittlauch verfeinern und mit Salz und Pfeffer abschmecken.

Restliche Rote Bete in dünne Scheiben schneiden. Salat waschen, trocken schleudern, in mundgerechte Stücke zerteilen und auf Tellern verteilen. Schwarzwurzeln und Rote-Bete-Scheiben darauf anrichten und mit Dressing beträufeln. Brot rösten und zum Salat servieren.

Für 2 Personen:
- 1 Glas Schwarzwurzeln (250 g Abtropfgewicht)
- 2 vorgegarte Rote Beten (vakuumverpackt)
- 125 ml laktosefreie Gemüsebrühe (1/2 TL Instantpulver)
- 1–2 EL Himbeeressig
- 2 TL Rapsöl
- 2 EL Schnittlauchringe
- Salz, Pfeffer
- 1 Friséesalat
- 2 Scheiben Roggenvollkornbrot (Schwarzbrot)

Gebratener Austernpilzsalat

fertig in: 30 Minuten | davon aktiv: 25 Minuten
vegetarisch
310 kcal | 1298 kJ

Tomaten kreuzweise einschneiden, mit kochendem Wasser überbrühen, häuten und in Stücke schneiden. Rucola waschen und trocken schleudern. Pilze trocken abreiben und vierteln. Knoblauch in feine Scheiben schneiden. Rapsöl in einer Pfanne auf hoher Stufe erhitzen, Pilzviertel darin ca. 5–7 Minuten anbraten, salzen und pfeffern. Knoblauchscheiben dazugeben und auf mittlerer Stufe weitere ca. 2–3 Minuten braten.

Rucola und Tomatenstücke auf 2 flache Schalen verteilen und mit Salz und Pfeffer würzen. Pilz-Knoblauch-Mischung darübergeben. Für das Dressing Bratensatz mit Walnussöl und Essig verrühren und über die Pilz-Knoblauch-Mischung träufeln. Parmesan darüberstreuen und Austernpilzsalat mit Baguette servieren.

Für 2 Personen:
- 3 Tomaten
- 125 g Rucola
- 500 g Austernpilze (ersatzweise Champignons)
- 2 Knoblauchzehen
- 1 EL Rapsöl
- Salz, Pfeffer
- 1 EL Walnussöl
- 3 TL Balsamicoessig
- 2 EL geriebener Parmesan
- 2 Scheiben Baguette

Blatt- und Gemüsesalate

Karotten-Radieschen-Salat mit gerösteten Kürbiskernen

fertig in: 20 Minuten | davon aktiv: 20 Minuten
vegetarisch | glutenfrei | laktosefrei
370 kcal | 1548 kJ

Karotten und Kohlrabi schälen und grob raspeln. Radieschen waschen, in feine Scheiben schneiden und mit Karotten- und Kohlrabiraspeln mischen.

Für das Dressing Orangenhälfte auspressen, mit Öl, Essig, Schnittlauch und Honig verrühren und mit Salz und Pfeffer würzen. Kürbiskerne fettfrei in einer Pfanne auf mittlerer Stufe ca. 2–3 Minuten rösten. Dressing mit Salat mischen, mit Kürbiskernen bestreuen und Karotten-Radieschen-Salat servieren.

Für 2 Personen:

- 4 Karotten
- 2 große Kohlrabi
- 1 Bund Radieschen
- 1/2 Orange
- 1 EL Olivenöl
- 4 EL heller Balsamicoessig
- 1 EL Schnittlauchringe
- 1 TL Honig
- Salz, Pfeffer
- 2 EL Kürbiskerne

Knusprig-scharfer Nachosalat

fertig in: 35 Minuten | davon aktiv: 35 Minuten
435 kcal | 1819 kJ

Tatar fettfrei in einer Pfanne auf mittlerer Stufe ca. 5–7 Minuten krümelig anbraten. Knoblauch pressen und mit Salz, Chili-, Paprikapulver, Koriander, Oregano, Kreuzkümmel und Pfeffer vermengen. Gewürzmischung zum Tatar in die Pfanne geben, kurz mitrösten und auskühlen lassen.

Salat waschen, trocken schleudern und in mundgerechte Stücke zerteilen. Zwiebeln schälen und Paprika, Gurke und Tomaten waschen. Zwiebeln in dünne Spalten schneiden, Paprika entkernen und in Stücke schneiden. Gurke und Tomaten würfeln. Joghurt mit der Salatkräutermischung verrühren.

Salat, Zwiebelspalten und Paprikastücke nacheinander in eine große Schüssel schichten und die Hälfte der Joghurtmischung darübergießen. Gurken- und Tomatenwürfel, übrige Joghurtmischung und Tatar nacheinander darüberschichten und mit Käse abschließen. Tortillachips zerkleinern und kurz vor dem Servieren über den Käse geben.

Für 4 Personen:

400 g Tatar
1 Knoblauchzehe
je 1 TL Salz und weißer Pfeffer
3 EL Chilipulver
1 TL Paprikapulver
1/2 TL gemahlener Koriander
1 TL getrockneter Oregano
1 TL gemahlener Kreuzkümmel
1/2 Eisbergsalat
2 Zwiebeln
je 1 gelbe und rote Paprika
1 Salatgurke
4 Tomaten
700 g Magermilchjoghurt
4 Päckchen Fix für Salatsauce (Joghurt-Kräuter)
100 g geriebener Käse, 30 % Fett i. Tr.
50 g Tortillachips

Blatt- und Gemüsesalate

Blatt- und Gemüsesalate

Chinakohlsalat mit Pilzspießen

fertig in: 45 Minuten I davon aktiv: 25 Minuten
vegetarisch
287 kcal I 1203 kJ

Pilze trocken abreiben und gegebenenfalls kleiner schneiden. Für die Marinade 3 EL Sojasauce mit Honig verrühren. Pilze damit vermischen und ca. 10 Minuten marinieren.

Chinakohl waschen, Boden samt Strunk entfernen und Kohl in Streifen schneiden. Chilischote waschen, entkernen und in feine Ringe schneiden. Zwiebel schälen und fein würfeln. Chinakohlstreifen mit Zwiebelwürfeln, Chiliringen, Koriander, Essig, Sesam, Brühe und restlicher Sojasauce verrühren und ca. 15 Minuten ziehen lassen.

Pilze auf 4 Spieße stecken. Öl in einer Pfanne auf mittlerer Stufe erhitzen und Pilzspieße darin ca. 8–10 Minuten rundherum braten. Fladenbrot rösten und zu Chinakohlsalat mit Pilzspießen servieren.

Für 2 Personen:

- 200 g gemischte Pilze (z. B. kleine Champignons, Austernpilze, Shiitakepilze)
- 5 EL Sojasauce
- 1 TL Honig
- 1 kleiner Chinakohl (ca. 400 g)
- 1/2 rote Chilischote
- 1 rote Zwiebel
- 1 TL gehackter Koriander
- 2 EL Reisessig
- 1 EL Sesam
- 3 EL Gemüsebrühe (1 Prise Instantpulver)
- 2 TL Sesamöl
- 2 Ecken Fladenbrot

Salate mit Kartoffeln, Nudeln & Co.

Kräuter-Kartoffel-Salat mit Geflügelbällchen

fertig in: 60 Minuten | davon aktiv: 45 Minuten
403 kcal | 1687 kJ

Drillinge waschen und mit Schale in Salzwasser ca. 15–18 Minuten garen. Zwiebel schälen und fein würfeln. Kräuter waschen und trocken schütteln. Frühlingszwiebeln waschen und mit Schnittlauch in Ringe schneiden. Restliche Kräuter in Streifen schneiden. Gurken schälen, längs halbieren, Kerne mit einem Löffel entfernen und Gurkenhälften in Scheiben hobeln.

Drillinge abgießen, pellen und in Scheiben schneiden. Für das Dressing Zwiebelwürfel in Brühe mit Deckel ca. 5 Minuten dünsten, mit 2 TL Senf und Essig verrühren und mit Salz und Pfeffer würzen. Kartoffel- und Gurkenscheiben mit Kräutern, Frühlingszwiebelringen und Dressing vermischen.

Hackfleisch mit restlichem Senf, Tomatenmark, Salz, Pfeffer und Paprikapulver verkneten und zu 20 kleinen Bällchen formen. Öl in einer Pfanne auf mittlerer bis hoher Stufe erhitzen und Geflügelbällchen darin ca. 6–7 Minuten rundherum braten. Kräuter-Kartoffel-Salat mit Salz und Pfeffer abschmecken und mit Geflügelbällchen servieren.

Für 4 Personen:

- 1 kg Drillinge (kleine Kartoffeln)
- Salz, Pfeffer
- 1 Zwiebel
- je 1/2 Bund Petersilie, Kerbel, Zitronenmelisse und Schnittlauch
- 1 Bund Frühlingszwiebeln
- 2 Salatgurken
- 150 ml Gemüsebrühe (1 TL Instantpulver)
- 4 TL Senf
- 4 EL Kräuteressig
- 600 g Geflügelhackfleisch (aus Geflügelbrustfilet)
- 1 EL Tomatenmark
- 1 TL Paprikapulver
- 2 TL Olivenöl

Salate mit Kartoffeln & Co.

Salate mit
Kartoffeln & Co.

Quinoasalat mit Hähnchen

 fertig in: 20 Minuten | davon aktiv: 20 Minuten
609 kcal | 2549 kJ

Quinoa in Brühe ca. 10 Minuten garen, von der Herdplatte nehmen und ca. 15 Minuten mit Deckel quellen lassen. Hähnchenbrustfilet abspülen, trocken tupfen, salzen und pfeffern.

1 TL Öl in einer Pfanne auf hoher Stufe erhitzen und Hähnchenbrustfilet darin ca. 5 Minuten von jeder Seite braten. Frühlingszwiebeln, Paprika, Zuckererbsenschoten und Tomaten waschen. Frühlingszwiebeln in Ringe schneiden. Paprika entkernen und mit Zuckererbsenschoten in mundgerechte Stücke schneiden. Tomaten halbieren.

Petersilie waschen, trocken schütteln und hacken. Frühlingszwiebelringe, Paprika-, Zuckererbsenschotenstücke und Tomatenhälften mit der Hälfte der Petersilie unter die Quinoa heben. Mit Salz und Pfeffer würzen.

Für das Dressing restliches Öl, Essig und Limettensaft verrühren und mit Zucker verfeinern. Mit Salz und Pfeffer abschmecken. Quinoasalat mit Dressing beträufeln und mit restlicher Petersilie bestreuen. Hähnchenbrustfilet in Tranchen schneiden, auf den Quinoasalat legen und servieren.

Für 1 Person:

- 3 EL trockene Quinoa
- 125 ml Gemüsebrühe (1/2 TL Instantpulver)
- 120 g Hähnchenbrustfilet
- Salz, Pfeffer
- 2 TL Olivenöl
- 2 Frühlingszwiebeln
- 1 rote Paprika
- 50 g Zuckererbsenschoten
- 5 gelbe und rote Cocktailtomaten
- 1/2 Bund glatte Petersilie
- 2 EL dunkler Balsamicoessig
- 1 TL Limettensaft
- 1 Prise Zucker

Geschichteter Couscoussalat

fertig in: 25 Minuten | davon aktiv: 20 Minuten
vegan
405 kcal | 1694 kJ

Tomaten waschen. Sellerie und Schalotten schälen und mit Tomaten fein würfeln. Minze und Petersilie waschen, trocken schütteln und hacken. 1 TL Öl in einer Pfanne auf mittlerer Stufe erhitzen, Selleriewürfel darin ca. 6–7 Minuten dünsten und mit Salz und Pfeffer würzen. Couscous nach Packungsanweisung in Salzwasser garen.

Couscous mit Tomaten-, Schalotten- und Selleriewürfeln in hohe Gläser schichten. Für das Dressing Brühe mit restlichem Öl, Essig, Minze und Petersilie mischen und mit Salz und Pfeffer würzen. Dressing über den Salat geben und Couscoussalat servieren.

Für 2 Personen:

- 4 Tomaten
- 1/2 Knollensellerie
- 2 Schalotten
- einige Stängel Minze
- einige Stängel glatte Petersilie
- 2 TL Olivenöl
- Salz, Pfeffer
- 150 g trockener Couscous
- 125 ml Gemüsebrühe (1/2 TL Instantpulver)
- 1 EL Weißweinessig

Salate mit Kartoffeln & Co.

Salate mit Kartoffeln & Co.

Bratkartoffelsalat mit Nürnbergern

 fertig in: 40 Minuten | davon aktiv: 40 Minuten
377 kcal | 1577 kJ

Kartoffeln schälen und in Scheiben schneiden. Würstchen in Stücke schneiden. Zwiebel schälen und würfeln. Tomaten waschen und halbieren. Artischocken abtropfen lassen und halbieren. Petersilie waschen, trocken schütteln und hacken.

Öl in einer Pfanne auf hoher Stufe erhitzen, Würstchenstücke darin ca. 2–3 Minuten braten und herausnehmen. Kartoffelscheiben im Bratensatz mit Deckel ca. 10–15 Minuten dünsten. Für das Dressing Brühe mit Essig, Ketchup und Petersilie verrühren und mit Salz, Pfeffer und Paprikapulver würzen.

Kartoffelscheiben salzen, pfeffern, ohne Deckel ca. 4–5 Minuten braun braten und leicht abkühlen lassen. Bratkartoffeln mit Würstchenstücken, Zwiebelwürfeln, Artischocken- und Tomatenhälften mischen. Dressing unter den Salat rühren und Bratkartoffelsalat servieren.

Für 2 Personen:

- 600 g festkochende Kartoffeln
- 2 Nürnberger Rostbratwürstchen
- 1 rote Zwiebel
- 150 g Cocktailtomaten
- 1 Glas Artischockenherzen (165 g Abtropfgewicht)
- 1/2 Bund glatte Petersilie
- 1 TL Rapsöl
- 125 ml Gemüsebrühe (1/2 TL Instantpulver)
- 1 EL Apfelessig
- 2 EL Ketchup
- Salz, Pfeffer
- 1/2 TL Paprikapulver

Mediterraner Antipasti-Nudelsalat

fertig in: 20 Minuten | davon aktiv: 15 Minuten
vegetarisch
519 kcal | 2173 kJ

Nudeln nach Packungsanweisung in Salzwasser garen. Paprika und Zucchini waschen, Paprika entkernen und mit Zucchini in Streifen schneiden. Champignons trocken abreiben, Schalotten schälen und beides vierteln. Mozzarella trocken tupfen und fein würfeln.

Öl in einer Pfanne auf mittlerer Stufe erhitzen und Schalottenviertel mit Paprika- und Zucchinistreifen darin ca. 4–5 Minuten braten. Für das Dressing Pesto mit Essig und Brühe verrühren. Champignonviertel in die Pfanne geben, ca. 2–3 Minuten mitbraten und mit Salz und Pfeffer würzen. Nudeln abgießen, dazugeben und kurz im Gemüse schwenken.

Dressing unter die Nudel-Gemüse-Mischung heben und mit Salz und Pfeffer abschmecken. Antipasti-Nudelsalat mit Mozzarellawürfeln bestreut servieren.

Für 2 Personen:

- 160 g trockene Farfalle
- Meersalz, grob gemahlener Pfeffer
- 1 gelbe Paprika
- 1 Zucchini
- 200 g braune Champignons
- 2 Schalotten
- 1/2 Kugel fettreduzierter Mozzarella
- 2 TL Olivenöl
- 1 EL Pesto rosso
- 3 EL heller Balsamicoessig
- 75 ml Gemüsebrühe (1/2 TL Instantpulver)

Salate mit Kartoffeln & Co.

Salate mit
Kartoffeln & Co.

Lauwarmer Reissalat mit Schafskäse

fertig in: 40 Minuten | davon aktiv: 30 Minuten
vegetarisch
285 kcal | 1195 kJ

Backofen auf 220° C (Gas: Stufe 4, Umluft: 200° C) vorheizen. Knoblauch in Scheiben schneiden. Aubergine waschen und in ca. 7–8 mm dicke Scheiben schneiden. Auf ein mit Backpapier ausgelegtes Backblech legen, mit Knoblauchscheiben, Rosmarin und Thymian bestreuen, salzen und pfeffern. Im Backofen auf mittlerer Schiene ca. 20 Minuten garen und abkühlen lassen.

Reis nach Packungsanweisung in Salzwasser garen. Für den Salat Auberginenscheiben und Schafskäse in Würfel schneiden. Tomate waschen, vierteln, entkernen und in kleine Würfel schneiden. Petersilie und Minze waschen und trocken schütteln. Schalotte schälen und fein würfeln. Petersilie und Minze grob hacken und mit Tomaten-, Schalotten-, Auberginen- und Schafskäsewürfeln mischen. Mit Salz und Pfeffer würzen und mit Zitronensaft und Chiliflocken verfeinern. Reis unterheben und Salat lauwarm servieren.

Für 2 Personen:

- 1 Knoblauchzehe
- 1 kleine Aubergine
- je 1 TL getrockneter Rosmarin und Thymian
- Meersalz, grob gemahlener Pfeffer
- 100 g trockener Minutenreis
- 80 g Schafskäse, 25 % Fett i. Tr.
- 1 Tomate
- 1 Bund glatte Petersilie
- 1/4 Bund Minze
- 1 kleine Schalotte
- 1–2 EL Zitronensaft
- 2 Msp. Chiliflocken

Spaghettisalat mit Balsamicohähnchen

 fertig in: 20 Minuten | davon aktiv: 15 Minuten
446 kcal | 1866 kJ

Nudeln in Stücke brechen und nach Packungsanweisung in Salzwasser garen. Rucola waschen und trocken schleudern. Artischockenherzen abtropfen lassen und vierteln. Tomaten waschen und halbieren. Hähnchenbrustfilet abspülen, trocken tupfen und in Streifen schneiden. Öl in einer Pfanne auf hoher Stufe erhitzen und Hähnchenbruststreifen darin ca. 2–3 Minuten rundherum braten. Knoblauch dazupressen und mit Salz, Pfeffer und 1 EL Essig würzen.

Basilikum waschen, trocken schütteln und Blätter abzupfen. Nudeln abgießen, kalt abschrecken und mit Hähnchenbruststreifen, Artischockenvierteln, Tomatenhälften, Rucola und Basilikumblättern vermengen. Für das Dressing restlichen Essig mit Brühe, Salz und Pfeffer verquirlen und unterheben. Spaghettisalat mit Parmesan bestreut servieren.

Für 4 Personen:

- 240 g trockene Spaghetti
- Salz, Pfeffer
- 120 g Rucola
- 1 Dose Artischockenherzen (240 g Abtropfgewicht)
- 200 g Cocktailtomaten
- 480 g Hähnchenbrustfilet
- 1 TL Olivenöl
- 1 Knoblauchzehe
- 4 EL dunkler Balsamicoessig
- 1/2 Bund Basilikum
- 4 EL Gemüsebrühe (2 Prisen Instantpulver)
- 4 EL Parmesanhobel

Salate mit Kartoffeln & Co.

Salate mit Kartoffeln & Co.

Warmer Bulgursalat mit Babyspinat

fertig in: 20 Minuten | davon aktiv: 20 Minuten
vegetarisch
354 kcal | 1482 kJ

Bulgur nach Packungsanweisung in Salzwasser garen. Apfel vierteln, entkernen, schälen und in Würfel schneiden. Schafskäse würfeln. Spinat waschen, trocken schleudern und grob hacken.

Apfelwürfel in einer Pfanne auf mittlerer Stufe in Wasser kurz andünsten. Knoblauch pressen, mit Spinat zu den Apfelwürfeln geben und mit Deckel ca. 2–3 Minuten dünsten. Spinat-Apfel-Masse mit Bulgur, Schafskäsewürfeln, Essig, Petersilie und Basilikum vermischen und mit Salz und Pfeffer abschmecken. Warmen Bulgursalat servieren.

Für 2 Personen:

- 120 g trockener Bulgur
- Salz, Pfeffer
- 1 kleiner säuerlicher Apfel (z. B. Braeburn)
- 80 g Schafskäse, 25 % Fett i. Tr.
- 350 g Baby-Blattspinat
- 2 EL Wasser
- 1 Knoblauchzehe
- 2 EL Weißweinessig
- 2 EL gehackte Petersilie
- 2 EL gehacktes Basilikum

Tortellinisalat mit Joghurtdressing

fertig in: 30 Minuten I davon aktiv: 15 Minuten
vegetarisch
391 kcal I 1637 kJ

Tortellini nach Packungsanweisung in Salzwasser garen. Getrocknete Tomaten ca. 5 Minuten in Brühe einweichen. Broccoli in Salzwasser ca. 2 Minuten blanchieren und abgießen. Salat waschen und trocken schleudern. Mais abtropfen lassen. Tomaten waschen, halbieren und mit Salat und Mais vermischen. Getrocknete Tomaten abgießen, Tomaten würfeln und mit Broccoli unter den Salat heben.

Für das Dressing Joghurt mit Crème légère, Zitronensaft und Schnittlauch verrühren und mit Salz und Pfeffer abschmecken. Tortellini abgießen und unter den Salat heben. Tortellinisalat mit Joghurtdressing beträufeln und servieren.

Für 4 Personen:

- 200 g trockene Tortellini mit Käsefüllung
- Salz, Pfeffer
- 6 getrocknete Tomaten ohne Öl
- 150 ml heiße Gemüsebrühe (1/2 TL Instantpulver)
- 500 g Broccoliröschen (TK)
- 200 g Salatmischung (Kühltheke)
- 100 g Mais (Konserve)
- 250 g Cocktailtomaten
- 250 g fettarmer Joghurt
- 150 g Crème légère
- 1 TL Zitronensaft
- 2 EL Schnittlauchringe

Salate mit Kartoffeln & Co.

Salate mit Kartoffeln & Co.

Deftiger Zucchini-Kartoffel-Salat

fertig in: 50 Minuten | davon aktiv: 30 Minuten
vegan
397 kcal | 1662 kJ

Kartoffeln waschen und mit Schale in Salzwasser ca. 20 Minuten garen. Schalotte schälen und würfeln. Zucchini waschen, längs halbieren und in Scheiben schneiden.

Öl in einer Pfanne auf mittlerer Stufe erhitzen, Zucchinischeiben darin ca. 5–7 Minuten braten, mit Oregano, Rosmarin, Salz und Pfeffer würzen und abkühlen lassen. Kartoffeln abgießen, pellen und in Scheiben schneiden. Kartoffelscheiben noch warm mit Schalottenwürfeln und Brühe mischen und abkühlen lassen.

Kapern hacken. Essig mit Paprikamark, Majoran und Kapern vermischen, mit Zucchinischeiben unter die Kartoffelscheiben heben und mit Salz und Pfeffer abschmecken. Zucchini-Kartoffel-Salat servieren.

Für 1 Person:

- 400 g mehligkochende Kartoffeln
- Salz, Pfeffer
- 1 Schalotte
- 1 Zucchini
- 1 TL Olivenöl
- je 1/2 TL gehackter Oregano und Rosmarin
- 75 ml heiße Gemüsebrühe (1/2 TL Instantpulver)
- 1 TL Kapern
- 1–2 EL Weißweinessig
- 1 TL Paprikamark (ersatzweise Tomatenmark)
- 1/2 TL gehackter Majoran

Wenn du keine Zeit zum Kochen hast, ist der Weight Watchers Kartoffelsalat mit Crème fraîche und Schnittlauch für 6 SmartPoints eine leckere Alternative.

Italienischer Nudel-Pesto-Salat

fertig in: 25 Minuten | davon aktiv: 20 Minuten
vegetarisch
271 kcal | 1136 kJ

Nudeln nach Packungsanweisung in Salzwasser garen. Tomaten waschen und halbieren. Spinat waschen und trocken schleudern. Schalotte schälen und fein würfeln. Für das Dressing Pesto, Joghurt und Schalottenwürfel verrühren und mit Salz und Pfeffer abschmecken.

Nudeln abgießen, ca. 5 Minuten abkühlen lassen und mit Tomatenhälften, Spinat und Käse vermengen. Salat vorsichtig in 2 Gläser füllen und mit Kürbiskernen bestreuen. Italienischen Nudel-Pesto-Salat mit Dressing servieren.

Für 2 Personen:

- 50 g trockene Orecchiette (ersatzweise Fussili)
- Salz, Pfeffer
- 150 g Cocktailtomaten
- 75 g Baby-Blattspinat
- 1 Schalotte
- 1 EL Pesto rosso
- 100 g Magermilchjoghurt
- 60 g geriebener Gouda, 30 % Fett i. Tr.
- 1 EL gehackte Kürbiskerne

Nudel-Partysalat mit Joghurt

fertig in: 45 Minuten | davon aktiv: 30 Minuten
365 kcal | 1529 kJ

Nudeln nach Packungsanweisung in Salzwasser garen. Gewürzgurken abtropfen lassen, dabei 3 EL Gurkensud auffangen. Paprika und Lauch waschen. Gurken in Scheiben, Schinken in kleine Stücke und Lauch in Ringe schneiden. Paprika entkernen und würfeln.

Für das Dressing Joghurt mit Senf, Dill und Gurkensud verrühren. Mit Salz und Pfeffer abschmecken und mit Süßstoff verfeinern. Nudeln abgießen, kalt abspülen und mit Gurkenscheiben, Schinkenstücken, Paprikawürfeln und Lauchringen vermischen. Dressing unter den Nudel-Partysalat heben und servieren.

Für 6 Personen:

- 450 g trockene Hörnchennudeln
- Salz, Pfeffer
- 1 Glas Gewürzgurken (190 g Abtropfgewicht)
- 3 rote Paprika
- 1 Stange Lauch
- 100 g gekochter Schinken
- 500 g Magermilchjoghurt
- 4 TL Dijon-Senf
- 1 EL gehackter Dill
- 3 EL Gurkensud
- einige Tropfen flüssiger Süßstoff

Salate mit Kartoffeln & Co.

Salate mit Kartoffeln & Co.

Pikanter Reissalat mit Steakstreifen

fertig in: 30 Minuten | davon aktiv: 30 Minuten
790 kcal | 3306 kJ

Reis nach Packungsanweisung in Salzwasser garen und abkühlen lassen. Romanesco waschen und in kleine Röschen teilen. Zwiebel schälen und in Streifen schneiden. Petersilie waschen, trocken schütteln und hacken.

Steak trocken tupfen und in Streifen schneiden. Öl in einer Pfanne auf hoher Stufe erhitzen und Steakstreifen darin ca. 2–3 Minuten rundherum anbraten. Mit Salz, Pfeffer, Chili- und Paprikapulver würzen und herausnehmen. Bratensatz mit 100 ml Brühe ablöschen, Romanescoröschen zugeben und ca. 8–10 Minuten garen.

Rucola waschen, trocken schleudern und in mundgerechte Stücke zerteilen. Orange auspressen, 50 ml Orangensaft mit restlicher Brühe, Senf, Sambal Oelek und Essig verrühren und mit Salz und Pfeffer abschmecken. Romanescoröschen abgießen, mit Reis, Steakstreifen, Rucola, Petersilie, Zwiebelstreifen und Dressing vermischen und Reissalat mit Steakstreifen servieren.

Für 1 Person:

- 80 g trockener Langkornreis
- Salz, Pfeffer
- 200 g Romanesco
- 1 kleine rote Zwiebel
- 1/4 Bund Petersilie
- 120 g Rinderhüftsteak
- 1 TL Olivenöl
- 1 Msp. Chilipulver
- 1 Msp. Paprikapulver
- 125 ml Gemüsebrühe (1/2 TL Instantpulver)
- 40 g Rucola
- 1 Orange
- 1 EL Senf
- 1/2 TL Sambal Oelek
- 2 EL Rotweinessig

Linsensalat mit gegrillter Ananas

fertig in: 35 Minuten | davon aktiv: 35 Minuten
vegan
371 kcal | 1555 kJ

Backofen auf 220° C (Gas: Stufe 4, Umluft: 200° C) vorheizen. Belugalinsen in Brühe ca. 30 Minuten garen und abkühlen lassen. Ananas schälen, vierteln und den Strunk entfernen. Ananas in Stücke schneiden, in eine Auflaufform (ca. 25 x 25 cm) geben und mit Zucker bestreuen. Ananasstücke im Backofen auf oberster Schiene ca. 5 Minuten grillen.

Salat waschen, trocken schleudern, 6 große Blätter beiseitelegen und restlichen Salat in Streifen schneiden. Karotten schälen und raspeln. Karottenraspel mit Zitronensaft, Öl, Kreuzkümmel und Koriander verrühren.

Linsen und Salatstreifen unter die Karottenmischung heben und mit Salz und Pfeffer abschmecken.
Je 3 Salatblätter auf die Teller legen, Linsensalat und Ananaswürfel darauf anrichten und servieren.

Für 2 Personen:

- 120 g trockene Belugalinsen
- 250 ml Gemüsebrühe (1 TL Instantpulver)
- 200 g Ananas
- 2 TL brauner Zucker
- 1 Römersalatherz
- 2 Karotten
- 3 EL Zitronensaft
- 1 TL Rapsöl
- 1/2 TL Kreuzkümmel
- 1 EL gehackter Koriander
- Salz, Pfeffer

Für ein besonderes Aroma verwende grüne Le-Puy-Linsen, die dem Salat eine nussige Note verleihen. Der SmartPoints Wert ändert sich nicht.

Salate mit Kartoffeln & Co.

Salate mit
Kartoffeln & Co.

Brunnenkresse-Papaya-Salat mit Bulgur

fertig in: 30 Minuten | davon aktiv: 30 Minuten
vegetarisch
306 kcal | 1282 kJ

Fond in einem Topf zum Kochen bringen. Chili waschen, entkernen und in Ringe schneiden. Schalotten schälen und mit Knoblauch fein hacken. 1 TL Öl in einer Pfanne auf mittlerer Stufe erhitzen und Chiliringe, Schalotten und Knoblauch darin ca. 2 Minuten glasig dünsten.

Bulgur dazugeben und kurz mitdünsten. Mit Fond ablöschen und mit Lorbeerblatt mit Deckel ca. 20 Minuten auf der ausgeschalteten Herdplatte quellen lassen. Lorbeerblatt entfernen, 2 TL Essig unterrühren und mit Pfeffer würzen.

Brunnenkresse, Radicchio und Eichblattsalat waschen, trocken schleudern und alles in mundgerechte Stücke zerteilen. Sesam fettfrei in einer Pfanne auf mittlerer Stufe rösten. Für das Dressing restlichen Essig mit 1/2 EL Sesam, Wasser, restlichem Öl und Honig verrühren und mit Salz abschmecken. Papaya schälen, halbieren und Kerne mit einem Löffel entfernen. Papaya in feine Streifen schneiden und mit Limettensaft beträufeln. Käse fein würfeln.

Salat mit Bulgur und Dressing mischen und auf 2 Tellern verteilen. Papaya darauflegen, mit Käsewürfeln, restlichem Sesam und nach Wunsch mit Zwiebelringen bestreut servieren.

Für 2 Personen:

- 100 ml Gemüsefond
- 1/2 rote Chilischote
- 2 Schalotten
- 1/2 Knoblauchzehe
- 4 TL Olivenöl
- 50 g trockener Bulgur
- 1 Lorbeerblatt
- 4 TL Weißweinessig
- Salz, Pfeffer
- 100 g Brunnenkresse
- 25 g Radicchio
- 25 g Eichblattsalat
- 1 EL Sesam
- 1 EL Wasser
- 3 TL Honig
- 75 g Papaya
- 1 TL Limettensaft
- 50 g Schafskäse, 25 % Fett i. Tr.

Nizza-Salat mit Thunfisch

 fertig in: 30 Minuten | davon aktiv: 25 Minuten
460 kcal | 1928 kJ

Kartoffeln schälen, vierteln und in Salzwasser ca. 15 Minuten garen. Eier in kochendem Wasser ca. 8–10 Minuten hart kochen. Bohnen waschen, halbieren und ca. 6–8 Minuten in Salzwasser vorgaren. Salat und Rucola waschen und trocken schleudern. Salat in mundgerechte Stücke zerteilen. Zwiebeln schälen und in Ringe schneiden. Tomaten waschen und vierteln. Bohnen und Kartoffeln abgießen. Eier abschrecken, pellen und vierteln.

Für das Dressing Brühe mit Honig, Essig und Öl verrühren und mit Salz und Pfeffer abschmecken. Thunfisch abtropfen lassen und mit Bohnenhälften, Zwiebelringen, Tomatenvierteln, Rucola und Salat mischen. Kartoffel- und Eierviertel auf dem Salat verteilen. Nizza-Salat mit Dressing beträufeln und servieren.

Für 4 Personen:

800 g festkochende Kartoffeln
Salz, grob gemahlener Pfeffer
4 Eier
200 g grüne Bohnen
2 Römersalatherzen
200 g Rucola
2 rote Zwiebeln
4 Tomaten
250 ml Gemüsebrühe
 (1 TL Instantpulver)
1 TL Honig
3 EL heller Balsamicoessig
1 EL Olivenöl
2 Dosen Thunfisch im eigenen Saft (à 150 g Abtropfgewicht)

Salate mit Kartoffeln & Co.

Salate mit Kartoffeln & Co.

Orientalischer Reissalat mit Kaki

 fertig in: 35 Minuten | davon aktiv: 30 Minuten
498 kcal | 2083 kJ

Reis nach Packungsanweisung in Salzwasser garen. Zwiebel, Karotten und Ingwer schälen. Zwiebel und Karotten würfeln und Ingwer reiben. Putenbrustfilet abspülen, trocken tupfen und würfeln. Öl in einer Pfanne auf mittlerer bis hoher Stufe erhitzen, Putenbrustwürfel darin ca. 4–5 Minuten rundherum braten, mit Salz, Pfeffer, Kardamom, Nelken und Zimt würzen und herausnehmen.

Knoblauch pressen, mit Ingwer, Zwiebel- und Karottenwürfeln im Bratensatz anbraten, mit Brühe ablöschen und mit Deckel ca. 5–6 Minuten dünsten. Reis kalt abschrecken und abtropfen lassen.

Kaki waschen und in Spalten schneiden. Salat waschen, trocken schleudern und in Streifen schneiden. Orangenhälfte auspressen. Reis mit Putenwürfeln, Salatstreifen, Kakispalten, Zitronen-, Orangensaft und gedünsteten Zwiebel- und Karottenwürfeln samt Sud vermischen. Reissalat mit Salz und Pfeffer abschmecken und servieren.

Für 2 Personen:
- 100 g trockener Basmatireis
- Salz, Pfeffer
- 1 Zwiebel
- 3 Karotten
- 1 Stück Ingwer (ca. 2 cm)
- 240 g Putenbrustfilet
- 2 TL Rapsöl
- 2 Msp. Kardamom
- 1 Msp. gemahlene Nelken
- 1/4 TL Zimt
- 1 Knoblauchzehe
- 150 ml Gemüsebrühe (1 TL Instantpulver)
- 2 Kaki
- 1/4 Eisbergsalat
- 1/2 Orange
- 1 EL Zitronensaft

Lachs-Nudel-Salat mit jungen Erbsen

 fertig in: 20 Minuten | davon aktiv: 20 Minuten
436 kcal | 1827 kJ

Nudeln nach Packungsanweisung in Salzwasser garen. Spinat waschen und trocken schleudern. Erbsen in Salzwasser ca. 3 Minuten vorgaren und abgießen. Lachs in Streifen schneiden.

Nudeln abgießen und abschrecken. Für das Dressing Joghurt mit Dill, Essig, Senf und Honig verrühren und mit Salz und Pfeffer würzen. Nudeln mit Lachsstreifen, Erbsen, Spinat und Dressing verrühren. Lachs-Nudel-Salat mit Salz und Pfeffer abschmecken und servieren.

Für 4 Personen:

- 250 g trockene Gabelspaghetti
- Salz, Pfeffer
- 300 g Baby-Blattspinat
- 500 g junge gepulte Erbsen (ersatzweise TK)
- 150 g Räucherlachs
- 200 g Magermilchjoghurt
- 2 EL gehackter Dill
- 2–3 EL Kräuteressig
- 2 TL süßer Senf
- 1 TL Honig

Salate mit Kartoffeln & Co.

Salate mit Kartoffeln & Co.

Süßkartoffel-Karotten-Salat mit Currygarnelen

fertig in: 35 Minuten | davon aktiv: 20 Minuten
482 kcal | 2017 kJ

Süßkartoffeln und Karotten schälen und würfeln. Süßkartoffelwürfel in Salzwasser ca. 10–12 Minuten garen. Karottenwürfel nach ca. 7 Minuten dazugeben und mitgaren. Für das Dressing Ingwer schälen und reiben, mit Kokosmilch und Essig verrühren und mit Salz und Pfeffer würzen. Süßkartoffel- und Karottenwürfel abgießen und leicht abkühlen lassen.

Pak Choi waschen, trocken schleudern und in Streifen schneiden. Garnelen abspülen und trocken tupfen. Öl in einer Pfanne auf mittlerer Stufe erhitzen und Currypaste darin kurz anbraten. Garnelen dazugeben und ca. 3–4 Minuten rundherum braten.

Pak-Choi-Streifen, Süßkartoffel- und Karottenwürfel mit Koriander und Dressing verrühren und mit Salz und Pfeffer abschmecken. Süßkartoffel-Karotten-Salat mit Currygarnelen anrichten und nach Wunsch mit etwas Zitronensaft beträufelt servieren.

Für 2 Personen:

- 350 g Süßkartoffeln
- 500 g gelbe Karotten (ersatzweise normale)
- Salz, Pfeffer
- 1 Stück Ingwer (ca. 2 cm)
- 125 ml fettreduzierte Kokosmilch
- 1 EL Reisessig
- 1 kleiner Pak Choi (ca. 150 g)
- 250 g küchenfertige Garnelen
- 1 TL Rapsöl
- 2 TL gelbe Curry-Würzpaste
- 2 EL gehackter Koriander

Info

Die gelbe Curry-Würzpaste ist durch die milde Schärfe sehr beliebt. Du findest sie neben der grünen und der roten Paste in gut sortierten Supermärkten.

Couscoussalat mit Rindersteak

fertig in: 35 Minuten | davon aktiv: 30 Minuten
496 kcal | 2077 kJ

Couscous nach Packungsanweisung in Brühe garen. Gurke und Paprika waschen. Paprika entkernen und mit Gurke würfeln. Zitronenhälfte auspressen. Couscous mit Paprika- und Gurkenwürfeln mischen. Mit Salz, Pfeffer, 1 TL Zitronensaft, Koriander, Chilipulver und Kreuzkümmel würzen. Datteln würfeln und Salat damit bestreuen.

Steaks trocken tupfen und mit Salz und Pfeffer würzen. Öl in einer Pfanne auf hoher Stufe erhitzen und Steaks darin ca. 5–8 Minuten von jeder Seite braten. Couscoussalat mit Rindersteak servieren.

Für 2 Personen:

- 120 g trockener Couscous
- 200 ml Gemüsebrühe (1 TL Instantpulver)
- 1 Salatgurke
- 2 rote Paprika
- 1/2 Zitrone
- Salz, Pfeffer
- 1 TL gehackter Koriander
- 1/4 TL Chilipulver
- 2 Msp. Kreuzkümmel
- 2 getrocknete Datteln ohne Stein
- 2 Rindersteaks (à 150 g)
- 1 TL Olivenöl

Salate mit Kartoffeln & Co.

Salate mit Kartoffeln & Co.

Herzhafter Spätzlesalat mit Schinkendressing

fertig in: 30 Minuten | davon aktiv: 20 Minuten
437 kcal | 1828 kJ

Spätzle nach Packungsanweisung in Salzwasser garen. Wirsing putzen, vierteln, den Strunk entfernen und Wirsing in feine Streifen schneiden. Wirsingstreifen in kochendem Salzwasser ca. 4–5 Minuten bissfest garen. Spätzle und Wirsingstreifen abgießen, mit kaltem Wasser abschrecken und abtropfen lassen.

Für das Dressing Schinken in Streifen schneiden. Öl in einer Pfanne auf mittlerer Stufe erhitzen und Schinkenstreifen darin ca. 2–3 Minuten anbraten. Mit Essig und Brühe ablöschen und Senf einrühren. Spätzle und Wirsingstreifen mit Schinkendressing vermischen. Spätzlesalat mit Kümmel würzen, mit Salz und Pfeffer abschmecken und servieren.

Für 2 Personen:

- 140 g trockene Spätzle
- Salz, Pfeffer
- 1/2 Wirsing (ca. 500 g)
- 6 Scheiben roher Schinken
- 1 TL Olivenöl
- 2 EL Weißweinessig
- 125 ml Gemüsebrühe (1/2 TL Instantpulver)
- 1 EL Senf
- 1/4 TL gemahlener Kümmel

Glasnudelsalat mit Ingwerhähnchen

fertig in: 45 Minuten | davon aktiv: 30 Minuten
570 kcal | 2385 kJ

Backofen auf 180° C (Gas: Stufe 2, Umluft: 160° C) vorheizen. Ingwer schälen und fein reiben. Für die Marinade Limette auspressen und 1 EL Limettensaft mit Ingwer, Sojasauce und Honig verrühren. Hähnchenschenkel abspülen, trocken tupfen, mit Marinade bestreichen und auf ein mit Backpapier ausgelegtes Backblech legen. Im Backofen auf mittlerer Schiene ca. 40 Minuten garen.

Glasnudeln nach Packungsanweisung in Wasser garen und kalt abspülen. Zuckererbsenschoten waschen, Karotten schälen und beides in Streifen schneiden. Karottenstreifen in 60 ml Wasser ca. 2 Minuten dünsten, Zuckererbsenschotenstreifen zugeben und weitere ca. 2 Minuten dünsten. Gemüsestreifen abtropfen lassen. Mungobohnensprossen waschen und abtropfen lassen.

Für das Dressing Buttermilch mit Öl, Sesam und Petersilie verquirlen und mit Salz und Pfeffer abschmecken. Glasnudeln mit Gemüse und Dressing mischen. Glasnudelsalat mit Ingwerhähnchen servieren.

Für 2 Personen:

- 1 Stück Ingwer (ca. 2 cm)
- 1 Limette
- 2 EL Sojasauce
- 1 TL Honig
- 2 Hähnchenschenkel, ohne Haut (à 220 g, verzehrbarer Anteil 165 g)
- 100 g trockene breite Glasnudeln
- 150 g Zuckererbsenschoten
- 3 Karotten
- 100 g Mungobohnensprossen
- 100 ml Buttermilch
- 1 TL Sesamöl
- 1 TL Sesam
- 1 EL gehackte glatte Petersilie
- Salz, Pfeffer

Salate mit Kartoffeln & Co.

Salate mit Kartoffeln & Co.

Rucola-Nudel-Salat mit Tomatendressing

fertig in: 15 Minuten | davon aktiv: 10 Minuten
vegetarisch
449 kcal | 1879 kJ

Nudeln nach Packungsanweisung in Salzwasser garen. Tomaten waschen und vierteln. Rucola waschen, trocken schleudern und grob hacken. Orange auspressen. Basilikum waschen, trocken schütteln und hacken. Mozzarella trocken tupfen und würfeln.

Nudeln abgießen und abschrecken. Für das Dressing Öl in einem Topf auf mittlerer Stufe erhitzen, Tomatenviertel darin ca. 5–6 Minuten dünsten, mit Essig und Orangensaft ablöschen und mit Salz und Pfeffer würzen.

Nudeln mit Rucola und Dressing vermischen und mit Salz und Pfeffer abschmecken. Rucola-Nudel-Salat mit Mozzarellawürfeln und Basilikum bestreut servieren.

Für 2 Personen:

- 120 g trockene Vollkornpenne
- Salz, Pfeffer
- 400 g Cocktailtomaten
- 80 g Rucola
- 1 Orange
- 2 Stängel Basilikum
- 1 Kugel fettreduzierter Mozzarella
- 2 TL Olivenöl
- 1 EL heller Balsamicoessig

Kichererbsensalat mit Karotten

fertig in: 20 Minuten | davon aktiv: 20 Minuten
vegetarisch | glutenfrei
303 kcal | 1268 kJ

Kichererbsen abspülen und abtropfen lassen. Salat waschen, trocken schleudern und in mundgerechte Stücke zerteilen. Karotten mit Ingwer schälen, Karotten raspeln und Ingwer reiben. Koriander waschen, trocken schütteln und hacken. 1/2 TL Zitronenschale abreiben und Zitronenhälfte auspressen.

Für das Dressing Kefir, Zitronensaft, -schale, Ingwer und Öl verrühren und mit Salz, Pfeffer und Currypulver würzen. Kichererbsen mit Salat, Karottenraspeln, Koriander und Dressing mischen. Kichererbsensalat mit Salz und Pfeffer abschmecken und servieren.

Für 2 Personen:

- 1 Dose Kichererbsen (265 g Abtropfgewicht)
- 150 g Endiviensalat
- 3 Karotten
- 1 Stück Ingwer (ca. 1 cm)
- 2 Stängel Koriander
- 1/2 unbehandelte Zitrone
- 100 ml fettarmer Kefir
- 1 EL Rapsöl
- Salz, Pfeffer
- 1/4 TL Currypulver

Nudel-Bohnen-Salat mit Ofentomaten

fertig in: 30 Minuten I davon aktiv: 15 Minuten
vegetarisch
408 kcal I 1706 kJ

Nudeln nach Packungsanweisung in Salzwasser garen. Grüne Bohnen waschen, in Stücke schneiden und in Salzwasser ca. 6–8 Minuten garen. Kidneybohnen abspülen und abtropfen lassen. Thymian und Bohnenkraut waschen, trocken schütteln und hacken.

Für das Dressing Zitronensaft mit Essig, Brühe, Öl, Zucker und der Hälfte der Kräuter verrühren und mit Salz und Pfeffer abschmecken. Nudeln und grüne Bohnen abgießen, mit Dressing und Kidneybohnen mischen und ca. 15 Minuten ziehen lassen. Backofen auf 200° C (Gas: Stufe 3, Umluft: 180° C) vorheizen.

Restliche Kräuter mit Parmesan mischen. Tomaten waschen, halbieren und mit der Schnittfläche nach oben in eine Auflaufform (ca. 20 x 25 cm) setzen. Tomatenhälften mit Salz und Pfeffer würzen, mit Parmesanmischung bestreuen und im Backofen auf mittlerer Schiene ca. 10–12 Minuten backen. Nudel-Bohnen-Salat mit Ofentomaten servieren.

Für 2 Personen:

- 100 g trockene Penne
- Salz, grob gemahlener Pfeffer
- 100 g grüne Bohnen
- 100 g Kidneybohnen (Konserve)
- je 4 Zweige Thymian und Bohnenkraut
- 1 EL Zitronensaft
- 2 EL heller Balsamicoessig
- 3 EL Gemüsebrühe (1 Prise Instantpulver)
- 2 TL Olivenöl
- 1 Prise Zucker
- 1 EL gehackte Petersilie
- 2 EL geriebener Parmesan
- 4 Tomaten

Salate mit Kartoffeln & Co.

Salate mit Kartoffeln & Co.

Lila Kartoffelsalat mit Hähnchenspießen

fertig in: 45 Minuten | davon aktiv: 40 Minuten
365 kcal | 1527 kJ

Kartoffeln waschen und mit Schale in Salzwasser ca. 20 Minuten garen. Für die Marinade Ajvar mit Honig verrühren und mit Salz und Pfeffer würzen. Hähnchenbrustfilet abspülen, trocken tupfen und in Streifen schneiden. Wellenförmig auf 4 lange Holzspieße stecken, mit Marinade bestreichen und im Kühlschrank ca. 15 Minuten ziehen lassen.

Tomaten waschen und halbieren. Schalotte schälen und in Ringe schneiden. Für das Dressing 2 TL Öl mit Essig verquirlen und mit Salz und Pfeffer würzen. Kartoffeln abgießen, pellen und in Scheiben schneiden.

Restliches Öl in einer Pfanne auf mittlerer Stufe erhitzen und Hähnchenspieße darin ca. 4–5 Minuten von jeder Seite braten. Tomatenhälften, Schalottenringe und Kartoffelscheiben mit Dressing vermischen und mit Salz und Pfeffer abschmecken. Lila Kartoffelsalat mit Hähnchenspießen servieren.

Für 2 Personen:
- 300 g Trüffelkartoffeln
- Salz, Pfeffer
- 3 TL Ajvar
- 2 TL Honig
- 240 g Hähnchenbrustfilet
- 200 g Cocktailtomaten
- 1 Schalotte
- 4 TL Rapsöl
- 4 TL heller Balsamicoessig

Info

Trüffelkartoffeln, auch Vitelotte genannt, haben einen feinen nussigen Geschmack, sind selten und überzeugen durch ihre besondere Optik. Du findest die Trüffelkartoffeln auf größeren Wochenmärkten.

Exotischer Kartoffelsalat

fertig in: 45 Minuten | davon aktiv: 30 Minuten
glutenfrei
493 kcal | 2066 kJ

Kartoffeln waschen und mit Schale in Salzwasser ca. 20 Minuten garen. Putenschnitzel abspülen, trocken tupfen und in Streifen schneiden. Öl in einer Pfanne auf hoher Stufe erhitzen, Schnitzelstreifen darin ca. 3–4 Minuten rundherum anbraten, mit Salz, Pfeffer und Kreuzkümmel würzen und herausnehmen.

Salat waschen, trocken schleudern und in Streifen schneiden. Mangos schälen, das Fruchtfleisch in Spalten vom Stein schneiden und würfeln. Kartoffeln abgießen, pellen und in Scheiben schneiden.

Für das Dressing Limetten auspressen. 4 EL Limettensaft mit Honig, Joghurt und Currypulver verrühren und mit Salz und Pfeffer abschmecken. Kartoffelscheiben mit Salat-, Schnitzelstreifen, Mangowürfeln und Dressing vermischen und exotischen Kartoffelsalat servieren.

Für 4 Personen:

- 1 kg festkochende Kartoffeln
- Salz, Pfeffer
- 480 g Putenschnitzel
- 2 TL Olivenöl
- 2 Msp. Kreuzkümmel
- 3 Römersalatherzen
- 2 Mangos
- 2 Limetten
- 1 TL Honig
- 250 g Magermilchjoghurt
- 2–3 TL Currypulver

Salate mit Kartoffeln & Co.

Zeit zu weit

„Mein Freund hat mich einfach super unterstützt!" Katharina aus Bad Honnef hat in fünf Monaten 15 Kilo abgenommen. Die 25-jährige Kauffrau für Versicherungen und Finanzen hat unseren Erfolgsgeschichten-Steckbrief beantwortet.

Name: Katharina
Alter: 25 Jahre
Erfolg: -15 kg
Teilnahme: Treffen

Weight Watchers kannte/kenne ich....
von meiner Mama. Ich fand das schon immer gut und wollte es machen. Aber mir war klar, dass ich meinen Freund zur Unterstützung brauchte. Christoph hatte auch ein paar Kilo zu viel und ist mit mir ins Treffen gegangen.

Das findet man immer in meinem Kühlschrank:
Joghurt und Obst, das esse ich meistens mittags.

Damit starte ich in den Tag:
Morgens nehme ich mir ein richtig voluminöses Brot mit auf die Arbeit, natürlich Vollkornbrot, belegt mit einer Scheibe Käse und viiiel Salat, Gurke und Tomate.

Mein absolutes Lieblingsgericht:
Im Moment ein Süßkartoffelsalat mit Rucola und Balsamico. Aber das wechselt, ich bin da viel mutiger geworden!

Meine Lieblings-Routine:
Mir Zeit fürs Essen zu nehmen. Mein Freund und ich essen abends immer am Tisch und quatschen dabei. Aber auch wenn ich allein bin, setze ich mich nicht vor den Fernseher und esse nebenbei, sondern setze mich an den Tisch.

So sieht meine Trink-Routine aus:
Auf der Arbeit stelle ich mir eine Flasche Wasser auf den Schreibtisch, und erst wenn die leer ist, dann erlaube ich mir auch etwas mit Geschmack, z. B. eine Light-Cola.

Meine größte Herausforderung:
Cocktails!

Mein größter Erfolg:
Kleidung kaufen ist jetzt ganz einfach. Früher hat gerade mal eine Hose gepasst beim Shoppen, jetzt passen doch einige ... Endlich macht es mir Spaß zu shoppen. Ich bin viel selbstbewusster geworden.

Mein größter Aha-Effekt:
Das bewusste Essen hat mir und meinem Freund dabei geholfen, unseren kompletten Alltag besser zu strukturieren. Wir planen eine Woche im Voraus, was wir wann essen – und dazu müssen wir ja nun auch unsere beruflichen und privaten Termine miteinander abstimmen. Das klappt wirklich gut!

Worauf ich mich jetzt am meisten freue:
Auf unseren Bulgarien-Urlaub. Da wird einem sogar Obst bis zur Strandliege gebracht, das ist super. Außerdem gibt es Aqua-Gymnastik – da werde ich auf alle Fälle mitmachen.

Wenn du wie Katharina durchstarten möchtest, dann schau einfach bei einem Treffen in deiner Nähe vorbei:

www.weightwatchers.de/treffen

Erfolgsstory

Was Katharina gut tut – die 3 besten Tipps

- Ich gehe jetzt regelmäßig ins Fitnessstudio. Früher war ich da nur Beitragszahlerin, jetzt mache ich richtig was.
- Ich arbeite im vierten Stock und nehme jetzt immer die Treppe.
- Ich nutze jede Gelegenheit, um mich während der Arbeit zu bewegen. Unser Drucker steht auf dem Flur, und wenn ich etwas ausgedruckt habe, warte ich nicht, bis der Kollege es mitbringt, sondern gehe sofort selbst.

Autorin: Silke Bruns
Fotografin: Tania Walck

Register nach Alphabet

B

Barbecuesalat im Glas	17
Bratkartoffelsalat mit Nürnbergern	63
Brunnenkresse-Papaya-Salat mit Bulgur	83

C

Chinakohlsalat mit Granatapfel	26
Chinakohlsalat mit Pilzspießen	53
Couscoussalat mit Rindersteak	92

D

Deftiger Zucchini-Kartoffel-Salat	75
Dreierlei Fischfilets auf Salatbett	25

E

Endivien-Trauben-Salat mit Halloumi	26
Erfrischender Karotten-Mango-Salat	14
Exotischer Kartoffelsalat	104

F

Fenchel-Zitrus-Salat mit geräucherter Forelle	18
Friséesalat mit Rote-Bete-Dressing	46

G

Gebratener Austernpilzsalat	46
Geschichteter Couscoussalat	60
Glasnudelsalat mit Ingwerhähnchen	96

H

Herzhafter Spätzlesalat mit Schinkendressing	95

I

Italienischer Nudel-Pesto-Salat	76

K

Karotten-Radieschen-Salat mit gerösteten Kürbiskernen	49
Kichererbsensalat mit Karotten	99
Klassischer Schichtsalat mit Zaziki	41
Knusprig-scharfer Nachosalat	50
Kohlrabisalat mit knusprigen Schinkenchips	22
Kräuter-Kartoffel-Salat mit Geflügelbällchen	56

L

Lachs-Nudel-Salat mit jungen Erbsen	88
Lauwarmer Reissalat mit Schafskäse	67
Leichter Frühlingssalat mit Mozzarella	30
Lila Kartoffelsalat mit Hähnchenspießen	103
Linsensalat mit gegrillter Ananas	80

M

Mediterraner Antipasti-Nudelsalat	64

N

Nizza-Salat mit Thunfisch	84
Nudel-Bohnen-Salat mit Ofentomaten	100
Nudel-Partysalat mit Joghurt	76
Nussig-süßer Gourmet-Feldsalat	38

O

Orientalischer Reissalat mit Kaki   87

P

Pikanter Reissalat mit Steakstreifen   79
Pilzsalat mit gebratenem Seitan   34

Q

Quinoasalat mit Hähnchen   59

R

Ratatouille-Salat mit Pinienkernen   21
Römersalat mit mariniertem Tofu   42
Rote-Bete-Carpaccio   33
Rucola-Nudel-Salat mit Tomatendressing   99

S

Spaghettisalat mit Balsamicohähnchen   68
Spanischer Melonen-Garnelen-Salat mit Dip   29
Süßkartoffel-Karotten-Salat
   mit Currygarnelen   91

T

Thunfischsalat auf Ananascarpaccio   13
Thunfischsalat mit Ei   38
Tomaten-Brot-Salat mit pochiertem Ei   37
Tortellinisalat mit Joghurtdressing   72

W

Warmer Bulgursalat mit Babyspinat   71

Z

Zarter Wildkräutersalat mit Croûtons   45
Zuckerschotensalat mit Schweinefiletspitzen   10

Lust auf...

...Exotisches?

Exotischer Kartoffelsalat	104
Glasnudelsalat mit Ingwerhähnchen	96
Linsensalat mit gegrillter Ananas	80
Orientalischer Reissalat mit Kaki	87
Spanischer Melonen-Garnelen-Salat mit Dip	29
Süßkartoffel-Karotten-Salat mit Currygarnelen	91

...Fisch & Meeresfrüchte?

Dreierlei Fischfilets auf Salatbett	25
Fenchel-Zitrus-Salat mit geräucherter Forelle	18
Lachs-Nudel-Salat mit jungen Erbsen	88
Nizza-Salat mit Thunfisch	84
Spanischer Melonen-Garnelen-Salat mit Dip	29
Süßkartoffel-Karotten-Salat mit Currygarnelen	91
Thunfischsalat auf Ananascarpaccio	13
Thunfischsalat mit Ei	38

...Fleisch & Geflügel?

Bratkartoffelsalat mit Nürnbergern	63
Couscoussalat mit Rindersteak	92
Glasnudelsalat mit Ingwerhähnchen	96
Kräuter-Kartoffel-Salat mit Geflügelbällchen	56
Lila Kartoffelsalat mit Hähnchenspießen	103
Pikanter Reissalat mit Steakstreifen	79
Quinoasalat mit Hähnchen	59
Spaghettisalat mit Balsamicohähnchen	68
Zuckerschotensalat mit Schweinefiletspitzen	10

...Fruchtiges?

Endivien-Trauben-Salat mit Halloumi	26
Erfrischender Karotten-Mango-Salat	14
Linsensalat mit gegrillter Ananas	80
Orientalischer Reissalat mit Kaki	87
Spanischer Melonen-Garnelen-Salat mit Dip	29
Thunfischsalat auf Ananascarpaccio	13

...Mediterranes?

Italienischer Nudel-Pesto-Salat	76
Mediterraner Antipasti-Nudelsalat	64
Ratatouille-Salat mit Pinienkernen	21
Spaghettisalat mit Balsamicohähnchen	68

...Schnelles?

Fenchel-Zitrus-Salat mit geräucherter Forelle	18
Friséesalat mit Rote-Bete-Dressing	46
Lachs-Nudel-Salat mit jungen Erbsen	88
Mediterraner Antipasti-Nudelsalat	64
Nussig-süßer Gourmet-Feldsalat	38
Quinoasalat mit Hähnchen	59
Rote-Bete-Carpaccio	33
Rucola-Nudel-Salat mit Tomatendressing	99
Spaghettisalat mit Balsamicohähnchen	68
Thunfischsalat auf Ananascarpaccio	13
Thunfischsalat mit Ei	38
Warmer Bulgursalat mit Babyspinat	71
Zarter Wildkräutersalat mit Croûtons	45

...Vegan?

Deftiger Zucchini-Kartoffel-Salat	75
Erfrischender Karotten-Mango-Salat	14
Friséesalat mit Rote-Bete-Dressing	46
Geschichteter Couscoussalat	60
Linsensalat mit gegrillter Ananas	80
Pilzsalat mit gebratenem Seitan	34
Zarter Wildkräutersalat mit Croûtons	45

...Vegetarisch?

Brunnenkresse-Papaya-Salat mit Bulgur	83	Lauwarmer Reissalat mit Schafskäse	67
Chinakohlsalat mit Granatapfel	26	Leichter Frühlingssalat mit Mozzarella	30
Chinakohlsalat mit Pilzspießen	53	Mediterraner Antipasti-Nudelsalat	64
Endivien-Trauben-Salat mit Halloumi	26	Nudel-Bohnen-Salat mit Ofentomaten	100
Gebratener Austernpilzsalat	46	Ratatouille-Salat mit Pinienkernen	21
Geschichteter Couscoussalat	60	Römersalat mit mariniertem Tofu	42
Italienischer Nudel-Pesto-Salat	76	Rote-Bete-Carpaccio	33
Karotten-Radieschen-Salat mit gerösteten Kürbiskernen	49	Tomaten-Brot-Salat mit pochiertem Ei	37
		Tortellinisalat mit Joghurtdressing	72
Kichererbsensalat mit Karotten	99	Warmer Bulgursalat mit Babyspinat	71

Deine Meinung ist gefragt!

Wie gefällt dir dieses Buch?
Sind deine Erwartungen erfüllt? Hast du Anregungen oder Ideen?
Jedes Lob, aber auch Kritik hilft uns dabei, noch besser zu werden.

Wir freuen uns auf deine Bewertung dieses Kochbuchs unter:
weightwatchers-shop.de

Oder schicke uns eine E-Mail an:
leserservice@weight-watchers.de

Dein Weight Watchers Leserservice

Diese Bücher könnten dir auch gefallen!

Das neue große Kochbuch mit den besten Weight Watchers Fleisch- und Hackfleisch-Rezepten für jede Gelegenheit.

ISBN 978-3-9816174-8-1

Auch im Alltag geht's besonders und inspirierend. Ob Fleisch, Fisch oder vegetarisch, ob herzhaft oder süß – hier findet jeder etwas für jeden Tag und jeden Geschmack.

ISBN 978-3-9816174-6-7

Impressum

Redaktion
Weight Watchers
Claudia Braun, Claudia Thienel

Realisierung
The Food Professionals Köhnen AG, Sprockhövel

Projektleitung
Silke Höpker

Rezepte
Ingrid Schmand, Kathrin Schmitt

Versuchsküche
Dennis Webers

Fotografie
Klaus Arras, Carsten Eichner, Dirk Przibylla, Stefan Schulte-Ladbeck
Thinkstock (Seiten 4, 5, 7)

Foodstyling
Katja Briol, Marc Fleischer, Maren Jahnke, Stefan Mungenast, Christa Schraa

Gestaltungskonzept und Grafik
The Food Professionals Köhnen AG, Sprockhövel
Petra Penker, Sina Wolf

Druck
paffrath print & medien GmbH, Remscheid

1. Auflage 2016

weightwatchers
Info-Hotline 01802-23 45 64*
www.weightwatchers.de

© 2016 Weight Watchers International, Inc.
Der Nachdruck sowie die Verbreitung, auch auszugsweise, in jeder Form oder Weise dieses Buchs ist nur mit vorheriger schriftlicher Genehmigung des Herausgebers erlaubt. Alle Rechte vorbehalten.

WEIGHT WATCHERS und SmartPoints sind eingetragene Marken von Weight Watchers International, Inc.

*0,06 €/Anruf aus dem Festnetz, Mobilfunk höchstens 0,42 €/Minute.

PEFC zertifiziert
Dieses Papier stammt aus nachhaltig bewirtschafteten Wäldern und kontrollierten Quellen.

www.pefc.de